Janelas do Natal

Livretos da Série *Descobrindo a Palavra*
por Bill Crowder

O fracasso do sucesso — A história de Jonas

E se for verdade? — Examinado quatro perguntas espirituais importantes

Por que a vida é tão injusta? — A história do Salmo 73

Moisés — A sua ira e o que isso lhe custou

A Paixão de Cristo — Refletindo sobre as horas mais escuras da história

José — Vencendo os desafios da vida

Janelas do Natal

Bill Crowder

Publicações RBC

Translated and Published by special arrangement with
Discovery House Publishers, 3000 Kraft Avenue SE,
Grand Rapids, Michigan, 49512 USA.

Tradução: Silvia Knechtel Breiby
Revisão: Rita Rosário
Diagramação / Projeto gráfico: Audrey Ribeiro

Dados Internacionais de Catalogação na Publicação (CIP)

Crowder, Bill
Janelas do Natal; tradução Silvia Knechtel Breiby — Curitiba/PR
Publicações RBC.

Titulo original: *Windows on Christmas*

1. Natal e Advento, Celebrações.

Traduzido e publicado por:

Publicações RBC
Rua Nicarágua 2128, Bacacheri, 82515-260 Curitiba/PR, Brasil
Visite o nosso site: www.publicacoesrbc.com

ISBN: 978-1-60485-028-4
Código: S5296

Printed in Brazil — Impresso no Brasil

Aos nossos filhos,

Matt (e Jamie), Beth,
Stephen (e Kimberly), Andy e Mark;

porque o Natal ainda é feito para as crianças.

Sumário

AGRADECIMENTOS

O privilégio de poder colocar palavras no papel é algo que me fascina. Ter a possibilidade de penetrar em uma corrente de idéias, que foram coletadas, publicadas e apresentadas para desafiar os corações e mentes de homens e mulheres, é um privilégio intimidador, que não pode ser considerado de modo inconsequente.

Também não é uma tarefa que alguém deva fazer sozinho. É unicamente por causa da ajuda de pessoas maravilhosas e capacitadas que as idéias que permeiam meu coração chegam a ser impressas, de forma que, assim espero, venham a ser valiosas para você, leitor. E por esta razão, gostaria que você, antes de ler o restante deste livro, não deixasse de ler as páginas de agradecimento.

A equipe criativa de Publicações RBC, é um grupo com o qual tenho a honra de me identificar. Eles são excelentes parceiros no ministério e profissionais bem capacitados em suas funções. A começar com Carol Holquist (publicadora), Bob DeVries e os integrantes do Comitê de Publicações RBC, que foram todos muito gentis em aprovar este projeto, até os notáveis editores: Judith

Markham e Annette Selden, todas estas pessoas auxiliaram o meu coração, a encontrar palavras (e provavelmente estão se retorcendo diante do comprimento desta frase), até Peg Willison; que fez a verificação da cópia e a correção dos erros, e também, a equipe de apoio integrada por Kathy Comer, Judy Grothause, Melissa Wade e Kim Fowler. Essas pessoas não são apenas colegas; são amigos pelos quais eu sou absolutamente grato a Deus.

Esta é também uma tarefa que requer um tipo diferente de apoio por parte da minha família. Nos últimos anos nossos filhos começaram, lentamente, a sair de casa, mas cada um deles causou e continua causando um impacto em meu coração que nunca diminuirá. É por isso que este livro é dedicado a eles — Matt e Jamie, Beth, Steve e Kimberly, Andy e Mark.

E, acima de todos está a minha esposa Marlene, minha companheira de vida, meu verdadeiro ponto de referência, impedindo que eu perca meu equilíbrio e minha perspectiva, e que me ama, apesar das minhas falhas e fragilidades. Obrigado querida.

Em um livro como este, o agradecer a Cristo que veio, viveu, morreu e vive para sempre jamais pode ser esquecido. Nele está a vida, a esperança e a alegria, ou seja, a mensagem do Natal incorporada numa criança. Eu posso apenas esperar que Ele se agrade com o que está escrito neste livro.

Introdução

Eu sou um viciado em Natal. Amo tudo o que se relaciona a esta data: as árvores, as luzes, a comida, os presentes, as músicas, a comida, as celebrações, as tradições, a comida, as oportunidades de participar de louvores especiais, os encontros familiares e, é claro, novamente a comida. Nossa família, como a maioria das outras que celebram o Natal, desenvolveu suas próprias tradições, e cada uma daquelas expressões de alegria traz suas próprias variações e sabores para a celebração do nascimento de Cristo. Cada uma delas oferece uma experiência a mais, proporcionando diferentes pontos de vista e perspectivas à familiar história de Natal e sua celebração.

A vida gira em torno de perspectivas e as nossas próprias percepções podem ser esclarecidas e enriquecidas, quando olhamos para os seus acontecimentos, através de inúmeras 'janelas'. Quanto mais familiar algo nos pareça, mais valiosas estas 'janelas' se tornam. Um novo olhar, um ângulo diferente, pode revolucionar a nossa apreciação da verdade, que pode correr o risco de tornar-se antiquada e gasta. Para mim, esta realidade foi realçada, de modo fascinante, pelo cineasta Clint Eastwood. Sendo um fã vitalício de história, esperei ansiosamente por seu filme *A Conquista da Honra*, sobre uma batalha que acontece em uma pequena ilha do Pacífico, chamada Iwo Jima, durante a Segunda Guerra Mundial, e não me decepcionei. Aprendi coisas que nunca haveria de aprender sobre essa histórica batalha e seu ainda mais famoso ato de hastear a bandeira. Este filme mostra tudo sob a perspectiva dos americanos que lá estavam lutando. Na sequência, Eastwood fez um segundo filme, *Cartas de Iwo Jima*, contando a mesma história, desta vez da perspectiva dos soldados japoneses que se encontravam entrincheirados naquela ilha. Através das cartas que os soldados escreviam àqueles que haviam deixado em seus lares, o cineasta nos permite enxergar e acompanhar os acontecimentos sobre as terríveis condições e intensas lutas que lá ocorreram. Os dois filmes recontam a mesma batalha, mas a visão do conflito é muito diferente. Foi uma lição importante para mim sobre o valor e o significado da palavra perspectiva.

Na história do Natal, esse novo olhar pode ser encontrado na conhecida passagem bíblica do livro de Lucas capítulo 2. Nesta passagem descobrimos seis perspectivas diferentes dos eventos do nascimento de Jesus Cristo. Podemos compartilhar estas perspectivas a partir das percepções daqueles que lá se encontravam e que nos permitem ver e sentir o que eles viram e sentiram através das janelas imaginárias e também aprender com as suas reações a estes maravilhosos e poderosos acontecimentos. Estas eternas maravilhas:

- Convidam-nos a ajoelhar ao lado de uma humilde manjedoura — e antecipar os horrores de uma dolorosa cruz.
- Ensinam-nos a glória da encarnação — e a tragédia do pecado humano que exigiu que um Salvador levasse os nossos pecados em Seu próprio corpo.
- Permitem-nos celebrar o milagre do nascimento — e regozijar-nos no milagre do novo nascimento.

Em suma, elas nos permitem adentrar os eventos que alteraram para sempre o mundo e os que nele habitam; nos juntamos aos humildes adoradores que deram as boas-vindas ao Cristo no Seu nascimento. As janelas, muitas vezes, nos trazem o que mais precisamos — novas perspectivas.

A Janela *da* Exaltação

Os Anjos

É difícil esquecer as impressões adquiridas na infância. Meu pai amava aquelas enormes árvores de Natal, e fazia um alarde quando chegava a hora de decorá-las (uma tendência que foi definitivamente gravada em meu código genético). Primeiro nós contornávamos toda a árvore com luzes, depois a cobríamos com ornamentos e outros enfeites de pouco valor e muito brilho. Então, eu observava meu pai colocar o anjo no topo da árvore — o último ato daquele ritual de decoração natalina. Tal gesto parecia tão grandioso! Apenas alguns momentos antes a árvore parecia incompleta, como se algo importante estivesse faltando. Mas com a colocação do anjo, a casa estava, finalmente, pronta para o Natal.

Certamente que, como bem me lembro, o anjo era do sexo feminino, tinha cabelos louros, asas e vestia uma longa túnica branca e reluzente. Durante muitos anos, toda vez que eu pensava em anjos, a imagem que me vinha à mente era a daquela figura no topo de nossa árvore de Natal. Foi um grande choque, anos depois, quando vim a saber, que toda vez que anjos são mencionados na Bíblia, possuem nomes masculinos, e que é bastante improvável que eles fossem figuras louras em túnicas reluzentes!

Sim, é muito difícil esquecer uma impressão que adquirimos na infância.

Apesar de tudo, eu estava certo em uma coisa: seres angelicais tiveram uma atuação significativa nos eventos do nascimento de Jesus. Sem o envolvimento deles haveria uma lacuna na história; seria incompleta como a decoração inacabada de uma árvore de Natal. E para nos auxiliar a compreender o papel dos anjos no nascimento de Cristo, vamos olhar mais de perto os próprios seres celestiais.

Quem são os anjos?

Se você me fizesse esta pergunta no contexto do dia-a-dia, minha resposta automática, provavelmente, seria: "Eles são o meu time favorito de beisebol *The Angels* [Os Anjos] e jogam em Anaheim, Califórnia. E, a propósito, eles venceram a Série Mundial de 2002 contra os *Giants* [Gigantes] de São Francisco." Infelizmente, na cultura de hoje, muito do que pensamos sobre o que são os anjos ou o que eles fazem, não é biblicamente correto. Começando com quadros e passando por poemas, filmes e shows para televisão, está parecendo que os anjos precisam de um novo agente publicitário. Eles, simplesmente, não estão sendo bem representados. Naturalmente, é de grande ajuda lembrar que a melhor e mais fiel representação dos anjos chega até nós através das páginas da Bíblia.

Os anjos são encontrados em todas as Escrituras e são chamados por uma variedade de nomes, que incluem: *querubins*, *serafins* e *seres viventes*. Algumas vezes eles são descritos como homens e frequentemente com vestimentas reluzentes. Eles são vistos guardando o Éden, lutando em guerras, resgatando Pedro da prisão, adorando na presença de Deus, e, tragicamente, no caso de alguns anjos; se rebelando contra Deus. Eles levam nomes como: Miguel ("Aquele que é semelhante a Deus"), Gabriel ("guerreiro de Deus") e Lúcifer ("portador da luz", antes de tornar-se Satanás — o Adversário). Muitas vezes misteriosos e, ocasionalmente, brilhantes servos de Deus, que são usados por Ele em momentos que Deus decide agir com homens e mulheres descritos na Bíblia.

A própria palavra *anjo* vem do termo grego *angelos*, que é definido como "o mensageiro, representante, aquele que é enviado, um anjo, um mensageiro de Deus". A definição básica é *mensageiro*, e é nesta função, exatamente, que muitas vezes eles são vistos atuando nas páginas da Bíblia.

- Às vezes, eles levam uma mensagem de advertência, como em Sodoma e Gomorra (Gênesis 19).

- Às vezes, eles levam uma mensagem de livramento, como a de Sadraque, Mesaque e Abdenego, na fornalha ardente de Nabucodonosor (Daniel 3).
- Às vezes, eles levam uma mensagem de ensinamento, como para Agar, serva de Sara (Gênesis 16).

Em cada uma dessas ocasiões onde vemos anjos atuando na terra, eles estão entregando mensagens de Deus. Embora anjos, inquestionavelmente, façam mais do que apenas entregar mensagens, é impossível subestimarmos sua atuação decisiva como mensageiros, fazendo proclamações dos céus para a terra. Esta pode ser a razão pela qual no Novo Testamento a palavra usada para definir "pregando o evangelho" (anunciando a mensagem de Deus ao povo) é *evangelios*, que deriva da mesma palavra "anjo". O evangelho (boas novas) foi entregue ao mundo pela primeira vez, por mensageiros angelicais, durante os eventos que rodearam o nascimento do Salvador.

Como os anjos fazem parte da história de Natal?

Então, voltemos para a árvore de Natal da minha infância. Por que um anjo no topo de uma árvore? Certamente algumas pessoas usam uma estrela, mas muitas, como no caso da minha família, usam um anjo. Por quê? Porque as histórias de Natal são cheias de anjos sempre atarefados levando mensagens aos integrantes da história.

O primeiro anjo que encontramos na história é Gabriel, um anjo superior, aparentemente na posição mais alta da hierarquia de comando do reino angelical. Gabriel visitou o planeta Terra para informar aos seus principais personagens e, por fim, ao mundo que o "tempo determinado" chegou — aquele momento tão esperado na história, quando o Messias prometido chegaria (Gálatas 4:4). Isto vem em uma série de anúncios:

Anúncio n.º 1

A vinda do precursor do Messias, João Batista (Lucas 1:5-22).

Gabriel apareceu a Zacarias, um sacerdote idoso e sem filhos, que estava realizando suas funções sacerdotais no templo. A princípio o velho sacerdote ficou perturbado com o fenômeno, mas o terror do momento se transformou em comédia quando ele ouviu a mensagem que o anjo tinha para ele. Gabriel declarou a Zacarias que ele e sua mulher Isabel haveriam de conceber um filho, o qual cumpriria a profecia de Malaquias. (Malaquias havia prometido que Deus mandaria um profeta com Elias, e este prepararia o caminho para o Redentor messiânico). Quando Zacarias, compreendendo as realidades físicas em que ele e a sua esposa idosa se encontravam, questionou a possibilidade de uma senhora já avançada em idade dar à luz. Gabriel o informou, então, que ele permaneceria mudo até que a criança, que se chamaria João, tivesse nascido.

O anúncio de Gabriel se realizou, e João Batista chegou para "preparar o caminho para o Senhor" — o primeiro passo no processo que traria Jesus Cristo ao mundo.

Anúncio n.º 2

Seis meses depois, Gabriel veio à aldeia de Nazaré trazendo uma mensagem da parte de Deus para uma jovem chamada Maria (Lucas 1:26-38).

Gabriel informou a Maria que ela havia sido escolhida para uma atribuição, que por muito tempo havia sido o desejo de mulheres judias — o privilégio de dar à luz ao Messias prometido. Sua resposta foi de confusa submissão: ela estava pronta para fazer o que o Senhor ordenava, mas o que a perturbou era de que forma algo assim poderia acontecer. Ela era virgem, e sendo prometida ao seu noivo José, não tinha a intenção de violar seus votos de castidade. O anjo assegurou-lhe de que de forma alguma ela violaria seus votos, que a criança seria o resultado de uma intervenção miraculosa do Espírito Santo. Além disso, quando a criança nascesse, Ele seria chamado "Jesus" ("o Senhor é Salvação") — definindo ambos o Seu caráter (o de Filho de Deus) e a Sua missão (de Redentor). Naquela altura a resposta de Maria foi de humilde disponibilidade: Então, disse Maria: "Aqui está a serva do Senhor; que se cumpra em mim conforme a tua palavra" (Lucas 1:38).

Após ter visitado Maria, Gabriel visitou também o futuro marido dela, José, e deu-lhe a mesma mensagem — o filho de Maria era de Deus, e não do homem (Mateus 1:20-25).

José podia tomá-la como sua esposa com total confiança em sua pureza.

Nove meses depois Gabriel retornou agora com outra mensagem. Desta vez, não com uma mensagem de expectativa, mas uma mensagem de chegada.

Anúncio n.º 3

O anjo do Senhor (presumidamente Gabriel) apareceu nos céus da Judéia, sobre os campos dos pastores de Belém (Lucas 2: 9-14).

Aqueles pastores estavam passando por mais uma noite fria cuidando das ovelhas, quando de repente vislumbraram um brilhante e celestial show de luzes! Desta vez a glória do Senhor acompanhava a mensagem dos anjos, e os pastores ficaram aterrorizados com a visão. A própria mensagem não poderia ter sido mais dramática.

> O anjo, porém, lhes disse: Não temais; eis aqui vos trago boa-nova de grande alegria, que o será para todo o povo: é que hoje vos nasceu, na cidade de Davi, o Salvador, que

> é Cristo, o Senhor. E isto vos servirá de sinal: encontrareis uma criança envolta em faixas e deitada em manjedoura (Lucas 2:10-12).

Certamente, estes simples pastores de ovelhas não estavam equipados para lidar com isto! Anjos deviam aparecer a sacerdotes, não a pastores. Eles deveriam visitar os dirigentes que estivessem no comando do templo, não homens e meninos que faziam parte do nível mais baixo das camadas sociais judaicas.

Nós temos ouvido esta história tantas vezes que já nos tornamos imunes ao seu poder e majestade. Falamos sobre aparições angelicais como se elas fossem ocorrências diárias. Elas não eram ocorrências diárias naquela época, e continuam não sendo hoje em dia.

Ninguém poderia ter previsto que tal público seria o primeiro a ouvir os anjos divulgarem os *evangelios* — a boa nova da chegada do Salvador!

Por que os anjos respondem com exaltação?

Até este momento os anjos tinham servido como mensageiros de Deus nas histórias de Natal. Mas levar mensagens não é a única função dos anjos. Na verdade, esta função era realmente secundária em relação às principais atividades que eles exerciam no céu: a de louvar e de adorar. Note que isto acontece do início ao fim, tanto no Velho como no Novo Testamento:

- O profeta Isaías foi transportado para dentro da sala do trono de Deus, onde ele testemunhou os anjos adorando a Deus no céu quando o anjo Serafim, de seis asas, declarou a grandeza e a glória de Deus: "Santo, santo, santo é o SENHOR dos Exércitos; toda a terra está cheia da sua glória" (Isaías 6:3).

  A função do Serafim é a de louvar perpetuamente ao Senhor, exaltando a beleza da Sua santidade.
- Ao apóstolo João foi permitido vislumbrar a paisagem celestial (Apocalipse 4–5). Ele viu "os seres viventes" (outro termo usado para anjos) declarando a santidade de Deus e invocando os remidos, para adorarem a Deus pelo milagre da Sua criação e adorar a Cristo pela graça da Sua salvação (Apocalipse 4:11; 5:12). Todos os moradores do céu, juntos então, começaram a cantar um hino de louvor ao Pai e ao Filho por sua poderosa intervenção pelo mundo caído.

Considerando que, no livro de Apocalipse, capítulo 4 e 5, o reino angelical celebra a criação de Deus e a salvação de Cristo, nas histórias de Natal eles se reúnem em um glorioso coral litúrgico, para celebrar Sua incursão ao planeta despedaçado, que é objeto do Seu eterno amor (Lucas 2). Quando o anjo anuncia a chegada do Filho de Deus, em forma humana, a multidão celestial não consegue mais permanecer silenciosa. Eles levantam suas vozes em exaltação a Deus por Sua glória, por Seu Filho e pelo Seu plano de resgatar o perdido, o cansado, e uma descendência confusa de homens e mulheres que, como as ovelhas guardadas por aqueles pastores nômades, pelos quais os anjos foram ouvidos, há muito já se haviam perdido. Esta resposta de exaltação torna-se a grande sequência de adoração, que começou naquele primeiro Natal e continua em nossas celebrações atuais. A mensagem deles foi poderosa:

> E, no mesmo instante, apareceu com o anjo uma multidão dos exércitos celestiais, louvando a Deus, e dizendo: "Glória a Deus nas maiores alturas, e paz na terra entre os homens, a quem ele quer bem" (Lucas 2:13-14).

O que Isaías e João presenciaram no santuário do céu, os pastores experimentaram naquela região montanhosa de Belém. Eles ouviram os anjos afirmarem a glória de Deus e anunciarem que Cristo tinha vindo para oferecer paz com Deus a um povo que havia se rebelado contra Ele. A reconciliação entre Deus e a humanidade, ou seja, a solução para a condição pecadora do homem é resumida numa simples palavra: *paz*. Entretanto, é importante compreender que esta paz não é, simplesmente, a ausência de conflito, é a presença do Cristo, o qual é descrito pelo profeta Isaías como "Príncipe da Paz" (Isaías 9:6).

É através de Cristo, que o relacionamento com o Deus da paz torna-se verdadeiro (Filipenses 4:9). A palavra em hebraico para paz, *shalom*, abrange esta idéia, pois traz o peso de tais realidades como abrangência, solidez e contentamento. Paz. Os anjos puderam oferecer esta promessa de paz, aos pastores (e a nós), porque o Cristo que torna tal paz disponível havia acabado de chegar ao planeta Terra!

As vozes dos anjos, que exaltaram o Deus vivo, continuam a ecoar em nossas celebrações nos dias de hoje, a esperança de paz, a ânsia pela glória e a dádiva de Jesus. Dois milênios depois todas estas coisas que repercutiram nos corações daqueles pastores, continuam a ressoar, com a mais profunda ânsia de nossos próprios corações.

De que forma os anjos serviram o Cristo?

Quão desapontados os pastores devem ter ficado quando aqueles anjos gloriosos e cheios de brilho, desapareceram e o céu retornou à sua fria escuridão. Mas os anjos não haviam terminado. Eles continuariam envolvidos no ministério de Cristo durante os trinta e poucos anos seguintes, principalmente durante os momentos críticos de perigo ou manifestação:

- **Um anjo advertiu José, que levasse o Cristo, ainda criança, para longe do alcance de Herodes:** "Tendo eles partido, eis que apareceu um anjo do Senhor a José, em sonho, e disse: Dispõe-te, toma o menino e sua mãe, foge para o Egito e permanece lá até que eu te avise; porque Herodes há de procurar o menino para matá-lo" (Mateus 2:13).
- **Anjos serviram a Jesus, acompanhando Suas tentações no deserto:** "Com isto, o deixou o diabo, e eis que vieram anjos e o serviram" (Mateus 4:11).
- **Um anjo confortou Jesus durante Seu sofrimento no jardim do Getsêmani:** "Então, lhe apareceu um anjo do céu que o confortava" (Lucas 22:43).
- **Um anjo abriu a tumba no dia da ressurreição:** "E eis que houve um grande terremoto; porque um anjo do Senhor desceu do céu, chegou-se, removeu a pedra e assentou-se sobre ela" (Mateus 28:2).
- **Anjos anunciaram a ressurreição de Cristo:** "Mas o anjo, dirigindo-se às mulheres, disse: Não temais; porque sei que buscais Jesus, que foi crucificado." "...e viu dois anjos vestidos de branco, sentados

onde o corpo de Jesus fora posto, um à cabeceira e outro aos pés" (Mateus 28:5; João 20:12).

- **Anjos estiveram presentes no retorno de Jesus ao céu:** "E, estando eles com os olhos fitos no céu, enquanto Jesus subia, eis que dois varões vestidos de branco se puseram ao lado deles e lhes disseram: Varões galileus, por que estais olhando para as alturas? Esse Jesus que dentre vós foi assunto ao céu virá do modo como o vistes subir" (Atos 1:10-11).

O apóstolo Paulo ao escrever a um dos seus jovens protegidos no ministério, pode ter considerado enumerar as participações dos anjos nas missões terrenas de Cristo, fossem elas diretas ou indiretas. Ele fez uma declaração resumida da encarnação de Cristo, em 1 Timóteo 3:16:

> Evidentemente, grande é o mistério da piedade:
> Aquele que foi manifestado na carne
> justificado em espírito,
> anunciado *por anjos*,
> proclamado entre as nações,
> julgado pelo mundo,
> elevado em glória.

Houve grande interesse entre a multidão angelical acerca da missão terrena do Senhor da glória. Os eventos que envolveram a encarnação não foram meramente "vistos por anjos"; essas atividades divinas foram "observadas", isto é, olhadas demoradamente com admiração, e com grande interesse. Em outras palavras, o trabalho de resgate feito por Cristo foi, e é, uma fonte contínua de fascinação para a companhia angelical. Note como o apóstolo Pedro descreve isto:

> A eles foi revelado que, não para si mesmos, mas para vós outros, ministravam as coisas que, agora, vos foram anunciadas por aqueles que, pelo Espírito Santo enviado do céu, vos pregaram o evangelho — *cousas essas que anjos anelam perscrutar* (1 Pedro 1:12 [ênfase acrescentada]).

Qual é o significado dessas "cousas as quais os anjos anelam perscrutar"? Adam Clarke, professor e comentarista da Bíblia, em seu comentário sobre Lucas, descreveu da seguinte forma:

> [Eles] se inclinaram para baixo — numa postura de quem, ansiosamente, está tentando descobrir alguma coisa, especialmente um escrito difícil de ser lido; este é trazido para a luz, posicionado de forma que os raios incidam sobre ele da maneira mais conjunta possível, e inclinam-se

em direção ao escrito para que possam examinar todas as suas partes, e assim sejam capazes de compreendê-lo como um todo. Existe aqui, evidentemente, uma alusão à atitude dos querubins que ficaram de pé nas extremidades da arca da aliança, no interior do tabernáculo, com seus olhos voltados em direção ao assento da misericórdia ou propiciatório, em uma postura curvada, como se estivessem olhando atentamente, ou, outra expressão que usaríamos, estivessem cismados com o que estavam vendo. Até mesmo os sagrados anjos ficam perplexos de admiração diante do plano de redenção da humanidade e, legitimamente maravilhados com a encarnação daquele objeto infinito da sua adoração. Então, se essas coisas são objetos de profunda consideração para os anjos de Deus, que se dirá então para nós? Os anjos não podem ter o tipo de interesse que o ser humano tem.

Por que acontece isto? Porque isto envolve "a encarnação daquele objeto infinito da sua adoração", que é o Filho de Deus, Jesus Cristo. Os anjos exaltam a Cristo pelo que Ele é e pelo que Ele fez. Eles o exaltaram no Seu nascimento, ministraram-lhe durante Sua vida, o apoiaram quando estava angustiado, e o anunciaram na Sua ressurreição – tudo porque Ele é o Cristo. Tudo porque foi escolha dele fazer todas as coisas que fez por uma raça marcada pelo pecado que não merecia tamanho sacrifício. Tudo porque Ele escolheu expressar Seu inefável amor de uma maneira tão misteriosa e maravilhosa — e derramou esse amor sobre Sua criação desobediente.

Os anjos sabem o que nós, com grande facilidade, esquecemos: que o Senhor Jesus Cristo é para todo o sempre merecedor da mais alta exaltação. E como disse Clarke: se os anjos, que podem apenas observar o amor da redenção, mas nunca experimentá-lo, exaltam a Cristo por Sua graça, quanto mais ainda a adoração ao Salvador deveria mover os corações, e emoções de homens e mulheres a quem foi concedida tamanha graça!

Esta união entre a admiração e a exaltação, proveniente de anjos atentos e da humanidade redimida encontra expressões maravilhosas num dos mais conhecidos hinos de Natal:

Eis dos anjos a harmonia!
Cantam glória ao Reis Jesus.
Paz aos homens!
Que alegria!
Paz com Deus, em plena luz.
Ouçam povos exultantes;
Ergam salmos triunfantes,
Aclamando o seu Senhor;
Nasce o Cristo, o Salvador!

Que possamos, com corações agradecidos, nos juntarmos em exaltação a Cristo, o glorioso presente de Deus para nós!

A Janela do Milagre

Maria

Uma das canções de Natal mais memoráveis é a canção popular e folclórica, fácil de cantar *I Wonder as I Wander* [Pergunto-me enquanto vagueio]. No tom e estilo de um cântico espiritual, ela fala do mistério da história do Natal e da intervenção milagrosa de Deus. Ela tenta expressar em palavras e em sons o quanto é difícil ao ser humano compreender o que Deus escolheu fazer — e porque Ele optou por fazê-lo.

Pergunto-me enquanto vagueio sob o céu,
Como Jesus, o Salvador, veio verdadeiramente para morrer.
Para as pessoas pobres e irascíveis como você e como eu...
Pergunto-me enquanto vagueio sob o céu.

Eu não posso imaginar uma palavra mais adequada para descrever aquela maravilha do que a própria palavra *milagre*. Mas suspeito que em nossos dias, o milagre não é mais tão milagroso. Um cantor que dispara nas paradas de sucesso logo após a gravação de seu primeiro *hit* musical é considerado um "milagre único". Um dos pães brancos mais comuns comercializados na América do Norte é conhecido como o "Pão do Milagre," e, temos até roupas cuja marca chama-se "Milagre."

De alguma forma, estas coisas não parecem representar o uso adequado do termo *milagre*.

As Sete Maravilhas do Mundo Antigo (tais como as Grandes Pirâmides de Gizé e os Jardins Suspensos da Babilônia) capturam mais de perto a essência do milagre — algo que surpreende a mente, nos lembrando de que somos extremamente pequenos para pensar e processar detalhes em determinados assuntos. Mas mesmo aqueles grandes feitos, geralmente com misteriosa engenharia, ficam aquém das expectativas. Eles foram, apesar de tudo, criados por homens tais como nós. Podemos não saber exatamente como o realizaram, mas há uma explicação para aquilo, mesmo que tal explicação ainda não tenha sido descoberta.

Não, o termo *milagre* deve ser reservado para aquilo que vai além da explanação humana. *Milagre* fala da onipotência, da onipresença e do poder criativo. *Milagre* fala de Deus. Pensando assim o compositor redigiu as palavras:

Há o milagre do entardecer à noite,
O milagre do amanhecer, eu vejo.
Mas o milagre dos milagres que enche a minha alma
É o milagre de que Deus me ama.
Oh, o milagre maior de todos,
O milagre maior de todos.
Apenas pensar que Deus me ama!

Por que motivo iria Deus me amar?

Isto desafia a nossa compreensão. Eu me conheço, e francamente, não sou uma pessoa tão adorável assim. Então por que Ele o faria? Milagre.

Mas para acrescentar ainda mais ao sentido de milagre ao redor daquele amor, por que Ele me amaria da forma como Ele amou, enviando Seu Filho para morrer por meus pecados e em meu lugar? Esta é a verdadeira essência da fé cristã, e não há resposta fácil à pergunta, além da própria natureza de Deus que é: o amor.

Em virtude do milagre do amor de Deus ter encontrado a sua máxima expressão na vinda de Cristo, por nossa causa, nós veremos a história do Natal através da perspectiva de uma jovem mulher, que teve mais motivo para surpreender-se do que qualquer outra pessoa envolvida na história.

O MILAGRE DO PRIVILÉGIO

Um anúncio de cartão de crédito *American Express* costumava dizer: "Ser um associado tem seus privilégios." Eles promoviam seu cartão de crédito apelando ao desejo humano de ser seletivo e da elite, por ter uma oportunidade que outros somente poderiam imaginar. O mundo está dividido entre o ter e o não ter, entre os aceitos e os excluídos, entre os privilegiados e os não privilegiados. As pessoas de fora olham para dentro com inveja e respeito, enquanto os bem favorecidos acessam seus "privilégios".

Alguns privilégios, entretanto, são mais do que apenas um tratamento especial ou um cartão de associado. Eles trazem consigo o sentido de admiração já que você foi selecionado dentre os outros restantes. Eu creio que nunca havia compreendido isto até que conheci Marlene, a jovem mulher que mais tarde se tornou a minha esposa.

Marlene e eu namorávamos no máximo há umas duas semanas quando certa noite durante um jantar, ela disse que precisava me contar algo. O tom sério de sua voz me fez supor que eu estava para ouvir sobre um namorado em sua cidade ou sobre um noivo no serviço militar, mas este não era o caso. Ela queria me contar que era adotada. Respirei aliviado e pedi que ela me contasse todos os detalhes. Depois de ouvir a sua explicação sobre como ela deixou de ser a Kathy, para se tornar Lili Marlene, eu lhe perguntei: "Você alguma vez desejou encontrar seus pais verdadeiros"?

"Estes são meus pais verdadeiros", ela disse. "Eles tinham à sua frente um orfanato inteiro cheio de crianças que precisavam de um lar e eles me escolheram. Eles poderiam ter escolhido qualquer outra criança, mas eles me escolheram. *Eu fui escolhida.*"

Para Marlene, o privilégio era a alegria de ter sido escolhida!

Suponho que a jovem Maria sentiu a mesma coisa quando o anjo Gabriel lhe disse que tinha sido escolhida para dar à luz ao Cristo menino. Desde que a promessa da vinda de um Messias havia sido dada, as mulheres judias desejavam ser escolhidas para este papel privilegiado. Séculos se passaram e nenhum Messias chegou. Então veio a mensagem: chegou o tempo de o Messias nascer e Maria foi escolhida para ser a Sua mãe! Até na saudação de Gabriel, o milagre do privilégio está claro: "E, entrando o anjo onde ela estava, disse: Alegra-te, muito favorecida! O Senhor é contigo" (Lucas 1:28).

Lucas nos narra que Maria ficou "perplexa", e que ela "ponderou" perante o significado daquela estranha saudação. Estas são palavras fortes! *Perplexa* significa "profundamente aflita" e *ponderou* provém da mesma palavra que *diálogo*. Ela na verdade, raciocinou consigo mesma, em sua própria mente, sobre o significado de tudo isto.

Percebendo a sua aflição, o anjo Gabriel explicou mais:

> Disse-lhe, então, o anjo: "Maria, não temas; porque achaste graça diante de Deus. Eis que conceberás e darás à luz um filho, a quem chamarás pelo nome de Jesus Este será grande e será chamado Filho do Altíssimo; Deus, o Senhor, lhe dará o trono de Davi, seu pai; ele reinará para sempre sobre a casa de Jacó, e o seu reinado não terá fim" (Lucas 1:30-33).

"Achou graça" significou que Maria foi privilegiada. Fala sobre milagre! E a resposta da Maria — que era uma virgem — demonstra a dificuldade que foi para ela captar tal coisa. O anjo Gabriel assegurou-lhe que assim como a sua prima Isabel tinha ficado grávida em idade avançada, o Deus do impossível era capaz de conceder-lhe este privilégio. A admiração e o milagre se transformaram em confiança e em disposição do coração. Sua resposta ao anjo Gabriel foi firme e direta: "Aqui está a serva do Senhor; que se cumpra em mim conforme a tua palavra" (Lucas 1:38).

A tradução na Bíblia Viva coloca assim: "Eu sou a serva do Senhor. Que tudo que você disse faça se cumprir em mim."

Surpreendentemente, Maria compreendeu a magnitude da tarefa para a qual fora escolhida, e a aceitou com humildade. Imagine suas emoções, sua descrença, seu senso de pouca importância, sua alegria, sua admiração. Imagine o milagre em seu coração.

O MILAGRE DA GRAVIDEZ

Minha esposa Marlene e eu temos cinco filhos, e os seus nascimentos — cada uma daquelas crianças preciosas — ainda são os maiores milagres que eu já presenciei. É impressionante ver um bebê nascer. Ouvir a batida do coração pela primeira vez e perguntar se a criança é um menino ou uma menina. Ver o exame de ultra-som e sentir os chutes do bebê antes do nascimento. Assistir o milagre descortinando-se no corpo da futura mãe. Ver aquela criança tomando o seu primeiro fôlego. Poucas coisas na vida se comparam a este milagre tão completo.

As Escrituras são muito silenciosas sobre os nove meses que Maria carregou o Cristo encarnado, mas podemos fazer algumas suposições com base no que conhecemos sobre a vida. Foi um tempo de novas experiências durante o qual Maria sentiu coisas que nunca havia sentido antes. Ela não possuía nenhuma referência para o que estava sentindo, física e emocionalmente, a cada dia no desenvolvimento da criança. Além disso, ela sem dúvida teve que suportar os olhares e cochichos de seus vizinhos na vila de Nazaré – de pessoas comuns com perguntas comuns sobre o verdadeiro pai da extraordinária criança que estava carregando. O estigma de palavras indevidas e olhares desgostosos devem tê-la tocado profundamente. E houve certamente momentos em que Maria duvidou de sua própria compreensão: "Eu realmente vi o anjo? Será que tudo aconteceu do jeito que eu me lembro, ou será que todos estão certos no que dizem sobre mim e o meu bebê?" – até o milagre ser confirmado. No início de sua gravidez, Maria viajou para a região montanhosa da Judéia, ao redor de Jerusalém para visitar a sua prima mais velha Isabel, que estava grávida do bebê que cresceria e se tornaria João Batista. A Bíblia não nos diz por que Maria foi visitar Isabel, mas é possível que ela tenha deixado Nazaré para escapar dos olhares penetrantes e das más línguas. Buscando apoio e segurança, ela foi procurar Isabel. Elas eram duas mulheres, distintas em idade, mas relacionadas por laços familiares. Separadas pela distância, mas unidas pela história. Ambas, eram as mulheres menos prováveis de engravidar — uma demasiado velha e a outra, uma virgem.

Quando Isabel viu Maria, ela "exclamou em alta voz: Bendita és tu entre as mulheres, e bendito o fruto do teu ventre! E de onde me provém que me venha visitar a mãe do meu Senhor?" (Lucas 1:42-43).

A confirmação para Maria tinha chegado da fonte mais inesperada — do bebê que tinha saltado no ventre de Isabel ao ouvir o som da voz da Maria. A resposta de Maria, às vezes chamada de *Magnífica,* mostra o verdadeiro sentido do milagre que ela sentiu pelo privilégio de sua gravidez:

> Então, disse Maria: A minha alma engrandece ao Senhor e o meu espírito se alegrou em Deus, meu Salvador, porque contemplou na humildade da sua serva. Pois, desde agora, todas as gerações me considerarão bem-aventurada porque o Poderoso me fez grandes cousas. Santo é o seu nome (Lucas 1:46-49).

O sentido de admiração de Maria diante desta gravidez milagrosa fica claro na sua resposta de eloquente adoração, louvor e agradecimento. O milagre desta gravidez divinamente orquestrada havia sensibilizado o seu coração, preenchendo-o com o milagre verdadeiro e sem limite.

O MILAGRE DO NASCIMENTO

Quando Maria estava chegando ao fim de sua gravidez, ela e José iniciaram a difícil e longa viagem de Nazaré a Belém a fim de alistar-se no censo imperial (Lucas 2:1-3). O escritor Walter Wangenrin Jr. imagina as dificuldades de sua jornada desta forma:

> Eles se dirigiram a Belém, a cidade onde o Rei Davi havia nascido há milhares de anos, por ser ele descendente da casa de Davi.
>
> Maria montava o burro e José havia moldado uma cela pequena, enrolada, para apoiar as suas costas. Ela havia quase completado o tempo da gravidez, sentia falta de ar e cansaço, suas mãos, pulsos e tornozelos estavam inchados. Seu cabelo longo tinha perdido os traços de beleza, e, Maria estava decidida a ir com José para dar à luz ao seu menino na cidade do pai dele, Davi.

Embora isto seja somente um pedaço do grande milagre da história do Natal, eu não deixo de considerar significativo o fato de, o Deus soberano em Sua essência ter posto o Império Romano inteiro em movimento com o único objetivo de levar Maria onde ela deveria estar no momento de Cristo nascer. Talvez porque somente um decreto imperial faria uma mulher, quase dando à luz, viajar mais de 128 km na garupa de um burro (Lucas 2:4-5)! Outro milagre. Outra admiração.

A gentileza de estranhos

Belém, o lar da família de José e de seus ancestrais, era uma vila localizada aproximadamente a oito quilômetros ao sul de Jerusalém, não muito longe do início do deserto da Judéia. Na sua chegada a Belém, Maria e José encontraram a pequena comunidade repleta de peregrinos que tinham vindo para o censo. A hospedaria estava estalando, 'arrebentando pelas costuras' com o excesso de hóspedes, acima de sua capacidade, e não havia lugar para o jovem casal pernoitar, menos ainda para dar à luz a um bebê. A cidade de Davi não tinha abrigo para a jovem mulher que estava a ponto de ter o seu bebê.

Entretanto, alguém (conforme a lenda e a maioria dos cultos de Natal — o dono da estalagem) agiu acima e além de seu dever. Ele ou ela se importaram o suficiente para providenciar uma acomodação para Maria e José no estábulo. Embora primitivo, este os abrigou das intempéries, do sereno da noite e deu-lhes privacidade das multidões. Aquele simples ato de gentileza garantiu que fosse preparado o cenário para a mais maravilhosa realidade de todas — a de que o Cordeiro de Deus viria a nascer num estábulo.

O nascimento do filho

> Estando eles ali, aconteceu completarem-se-lhe os dias, e ela deu à luz o seu filho primogênito, enfaixou-o e o deitou numa manjedoura, porque não havia lugar para eles na hospedaria (Lucas 2:6-7).

Fico sempre sensibilizado pela simplicidade daquela descrição. Este evento extraordinário é tão comum, tão vulgarizado, que você poderia quase perdê-lo, se piscasse. Há tanto conteúdo subentendido ali, que você é compelido a ler, e a reler novamente esta passagem. Um véu de silêncio cobre esta jovem mulher enquanto ela agoniza durante o parto. Os gritos de alegria não são registrados enquanto José, aparentemente servindo como parturiente da Maria faz o parto do bebê e o entrega à Sua mãe.

Por um lado, Maria deve ter experimentado uma emoção maravilhosa sentida por toda nova mãe ao ter um bebê pela primeira vez. Mas por outro, ela deve ter-se assustado ao refletir sobre o fato de que esta criança, que ela acariciava e dava o peito para mamar era o Filho de Deus, e por pensar sobre o que esta criança tinha vindo fazer: salvar a raça humana de seus pecados (incluindo ela mesma, Sua própria mãe). Este filho, prometido por um anjo, concebido pelo Espírito Santo, confirmado pelo então ainda não-nascido João, carregado no ventre para Belém, e rodeado no seu nascimento por animais de fazenda, era aquele que seria chamado "Maravilhoso" (Isaías 9:6).

Nada na infância ou na juventude de Maria a tinha preparado para tudo isto. Ela era uma menina judia como outra qualquer do século primeiro, proveniente de uma família comum de uma pequena cidade qualquer. Entretanto, com admiração e obediência ela aceitou as implicações extras do plano extraordinário de Deus para a sua vida. E o milagre de sua 'montanha russa' emocional, com duração de nove meses, trouxe-lhe uma simples resposta: "Maria, porém, guardava todas estas palavras, meditando-as no coração" (Lucas 2:19).

"Ponderando." Lembre-se, aquela também foi a sua resposta à mensagem do anjo Gabriel nove meses antes (Lucas 1:29). Novamente ela, em seu diálogo interior, em sua própria mente, estava tentando compreender tudo que estava acontecendo. Hoje, em nossa cultura movida pela tecnologia, nós diríamos que ela estava "processando".

Processando o cumprimento da promessa.
Processando o auge da gravidez.
Processando a jornada de sua casa a Belém.
Processando o ambiente no estábulo.
Processando a dificuldade do trabalho de parto.
Processando a visita de simples pastores.
Processando o milagre de Deus encarnado em seu filho.

Dois mil anos depois, continuamos processando. Ainda extasiados pelo milagre.

Quando Maria deu à luz a Jesus, foi em um estábulo.
Com reis magos, agricultores, pastores e outros mais.
Do alto do céu Divino uma estrela de luz caiu,
E a promessa de anos, a fez então recordar.

Lá está ela – a promessa dos séculos. O milagre do Natal. O maior milagre de todos.

A Janela da Adoração

Os Pastores

Quão surpresa Maria deve ter ficado, quando um grupo de modestos pastores entrou no estábulo contando que uma multidão de anjos e "uma estrela maravilhosa" haviam anunciado o nascimento de seu filho! Apesar de estar ainda exausta do trabalho de parto, Maria deve ter se surpreendido ao ver aqueles homens do campo, primeiro, curvados em adoração ao seu filho para, em seguida, saírem contando a todos que encontravam pelo caminho sobre a criança que haviam visto (Lucas 2:16-18).

Os pastores foram os primeiros a se ajoelharem ao lado da manjedoura, o que pode ter parecido surpreendente, levando-se em consideração quem eram e o que faziam. Mas, mesmo assim, lá estavam eles – louvando e adorando ao Salvador recém-nascido! Olhemos então através da janela da adoração para aprender a respeito deles. Ao fazermos isto, entenderemos e apreciaremos melhor suas reações aos acontecimentos que testemunharam naquela noite fria na Judéia, nos arredores de Belém. Conhecendo-os melhor, estaremos aptos também, a nos movermos além dos registros históricos e dos cânticos antigos a fim de compartilharmos a sua experiência e nos juntarmos a eles em celebração.

Homens simples de vidas simples

Os pastores eram "homens simples de vidas simples". Não consigo pensar em uma definição melhor do que esta para descrevê-los.

Uma descrição bastante sucinta feita por Lucas, enfatiza esta simplicidade: "Havia, naquela mesma região, pastores que viviam nos campos e guardavam o seu rebanho durante as vigílias da noite" (Lucas 2:8). No entanto, este versículo sozinho, revela muito sobre quem foram e o que aqueles homens fizeram.

"Naquela mesma região... pastores..."

A região adjacente a Belém é associada ao pastoreio de ovelhas desde os primeiros dias de registro da história, e foi lá que Davi cuidou dos rebanhos do seu pai, Jessé. Belém era uma região de pastagem e, portanto, apropriada para pastorear rebanhos. Era próxima à "Torre de Eder" (Migdal Eder) ou a "torre do rebanho" (Gênesis 35:21; Miquéias 4:8), embora não se saiba o que significavam essas expressões. Alguns veem esses títulos como referências a Jerusalém em geral, e o portão das ovelhas (pelo qual os cordeiros a serem sacrificados eram levados ao templo) especificamente, como a torre forte da nação de Israel. Outros a veem como referência a Belém, o local de nascimento do rei-pastor de Israel, Davi. E ainda há os que interpretam a "torre do rebanho" literalmente, ou seja, acreditam ter sido o verdadeiro lugar na região montanhosa da Judéia, de onde os antigos pastores de Israel vigiavam o seu rebanho — precisamente o que eles estavam fazendo na noite em que o pronunciamento angelical foi feito.

Esses "montes dos pastores" nos arredores de Belém formavam uma terra de ovelhas e pastores, que era pastoril e propícia.

Ainda mais significativo é o fato de que estas ovelhas que eram ali criadas, não eram ovelhas comuns. Por causa da sua proximidade ao templo de Jerusalém, os campos de Belém eram principalmente utilizados pelos animais que eram usados em sacrifícios oferecidos no templo. No primeiro século, mais de 250 mil ovelhas eram oferecidas anualmente em sacrifício somente para o festival da Páscoa Judaica! Portanto, esses pastores de Belém eram responsáveis pela entrega de ovelhas saudáveis e sem mancha a serem oferecidas no altar de sacrifícios para a expiação do pecado.

"Viviam nos campos e guardavam o seu rebanho durante as vigílias da noite"

"A noite era dividida em quatro vigílias," diz o comentarista da Bíblia John Gill. "O entardecer, a meia-noite, a madrugada e o amanhecer". Eles se alternavam nas vigílias. Cada grupo tinha determinado horário para manter a guarda enquanto o restante dormia na tenda, ou na torre que havia sido construída nos campos para esse fim. O motivo pelo qual eles vigiavam as ovelhas no campo aparentemente era para preservá-las de animais predadores tais como "lobos, raposas... como de bandidos, que eram comuns na terra da Judéia naquela época".

A vida de um pastor era uma vida de solidão e labuta, perigo e pobreza. No entanto, esses sofrimentos podem não ter sido as suas maiores dificuldades, pois, devido à sua profissão, os pastores eram considerados imundos para as cerimônias. Seu trabalho, entre outras coisas, exigia que suas mãos participassem do parto das ovelhas (o que os colocava em contato com sangue) e se desfizessem dos animais mortos (o que os colocava em contato com cadáveres) — as duas situações os tornavam imundos para participar das cerimônias. Por estas razões eram espiritualmente banidos. Parece tão triste que justamente aqueles que eram responsáveis por criar as ovelhas destinadas aos sacrifícios que eram realizados no templo em Jerusalém, eram os excluídos do templo, por serem considerados imundos para as cerimônias. Mas esses pastores se defrontavam com um duplo dilema, pois, não eram apenas considerados imundos pela natureza de seu trabalho, mas também se exigia deles que ficassem constantemente com seu rebanho. Isto significava que passavam semanas até que pudessem deixar suas tarefas de lado, o que os impedia de irem ao templo para que pudessem ser purificados. Era uma espécie de "paradoxo" religioso que muitas vezes se intensifica devido a um conceito espiritual altamente baseado em sistemas legalistas — e esses trabalhadores, isolados e rejeitados, servem como trágico exemplo disso.

MARAVILHOSOS MOMENTOS DE ESPLENDOR CELESTIAL

A vida é preenchida com "momentos" que marcam o coração e a memória. Alguns momentos são obscuros e de maus pressentimentos, como quando recebi o telefonema avisando que meu pai havia acabado de falecer, vítima de um ataque cardíaco. Quando eu me lembro daquele momento, 26 anos atrás, as emoções de perda e dor me invadem novamente e sinto mais uma vez o vazio que se apoderou de mim naquele instante.

Outros momentos são emocionantes, como na ocasião em que (na realidade a única vez em que isso aconteceu) eu atingi 80 pontos numa partida de golfe. Até hoje, eu posso repetir mentalmente cada uma daquelas tacadas, terminando com uma brilhante tacada abaixo do par no último buraco, para o famoso 76 (quando você tem apenas um desses momentos, deve aproveitá-lo ao máximo).

E também há aqueles raros e maravilhosos momentos. Para mim, um desses momentos ocorreu no dia do meu casamento. Eu estava parado próximo ao altar da igreja, ao lado do pastor e do meu pai, que era o meu padrinho, quando a música tocou e o cortejo da noiva entrou. As portas de entrada da igreja se fecharam por um breve momento que pareceu durar para sempre, quando então a música mudou e as portas se abriram — e Marlene entrou de braços dados com seu pai. Quando eu penso nisso, até agora, um nó me vem à garganta e fico muito emocionado. Ver a mulher que eu tanto amava; linda e radiante, em seu vestido de noiva, atravessando a nave da igreja para se casar comigo — comigo! Foi espetacular, magnífico, irresistível, de tirar o fôlego e fez-me sentir humilde e radiante. Foi um momento de esplendor.

Comparando com o que os pastores viram naqueles momentos nas montanhas da Judéia, eu sei que isso parece bem pequeno. Porém, o que eu senti naquele dia não foi totalmente diferente do que, imagino eu, os pastores estavam sentindo — espetacular, magnífico, de tirar o fôlego e fazendo-os sentirem-se humildes, de impressionante *esplendor*.

A descrição de Lucas desafia as nossas imaginações e emociona os nossos corações.

> E um anjo do Senhor desceu aonde eles estavam, e a glória do Senhor brilhou ao redor deles; e ficaram tomados

> de grande temor. O anjo, porém, lhes disse: Não temais; eis aqui vos trago boa-nova de grande alegria, que o será para todo o povo: é que hoje vos nasceu, na cidade de Davi, o Salvador, que é Cristo, o Senhor. E isto vos servirá de sinal: encontrareis uma criança envolta em faixas e deitada em manjedoura. E, subitamente, apareceu com o anjo uma multidão da milícia celestial, louvando a Deus e dizendo: Glória a Deus nas maiores alturas, e paz na terra entre os homens, a quem ele quer bem" (Lucas 2:9-14).

De que maneira você iniciaria uma reflexão sobre algo assim? É grandioso demais para ser processado como um todo e, sendo assim, prefiro separá-los em momentos.

O momento do mensageiro

O mensageiro angelical é descrito como "o anjo do Senhor" que estava acompanhado da "glória do Senhor" a qual "resplandeceu" de tal forma que atemorizou os pastores (Lucas 2:9). Como tantos envolvidos na história de Natal, aqueles pobres pastores estavam completamente despreparados para tal visão.

Referiu-se à glória do Senhor como "Shekiná", a mais reluzente perfeição de toda a suficiência Divina. Teologicamente, ela é descrita como a soma de todas as combinações dos atributos de Deus, para criar uma luz brilhante e perfeita. Agora, os pastores estavam vendo esta glória do Senhor, nas regiões montanhosas ao redor de Belém.

No Antigo Testamento, a glória do Senhor era a evidência da presença de Deus entre o Seu povo. Vemos este fenômeno primeiro em Êxodo 24:16: "E a glória do SENHOR pousou sobre o monte Sinai, e a nuvem o cobriu por seis dias; ao sétimo dia, do meio da nuvem chamou o SENHOR a Moisés." O povo de Deus havia se reunido no Sinai tanto para aceitar, como para rejeitar, o governo de Deus sobre eles como uma nação. Sua glória mostrou Seu poder e força.

Vemos novamente a Sua glória na consagração do tabernáculo, a casa de adoração para os tão espalhados filhos de Israel: "Corá fez ajuntar contra eles todo o povo à porta da tenda da congregação; então, a glória do SENHOR apareceu a toda a congregação" (Números 16:19). E vemos isto na consagração do templo em Jerusalém onde os filhos de Israel tinham estabelecido uma sede para sua vida pública e para adoração naquela maravilha que era o templo de Salomão: "Tendo os sacerdotes saído do santuário, uma nuvem encheu a Casa do SENHOR, de tal sorte que os sacerdotes não puderam permanecer ali, para ministrar, por causa da nuvem, porque a glória do SENHOR enchera a Casa do SENHOR" (1 Reis 8:10-11).

O povo de Israel desfrutava da presença de Deus no seu meio — até que começaram a desviar-se para idolatria e imoralidade. Eles corromperam a casa de Deus com ídolos pagãos e desonraram Seu nome, então Deus respondeu com palavras duras através de Ezequiel, o profeta.

Após uma série de eventos nos quais Deus mostrou o espírito adúltero de Seu povo, Ezequiel observou atentamente a glória do Senhor, passo a passo, apartar-se do templo, depois de Jerusalém, e por fim, do povo de Israel. O golpe culminante é visto em Ezequiel 11:23, onde lemos estas trágicas palavras: "A glória do SENHOR subiu do meio da cidade e se pôs sobre o monte que está ao oriente da cidade" (Ezequiel 11:23).

Após as palavras amargas de Ezequiel, as poucas referências que restaram sobre a glória de Deus, encontradas no Antigo Testamento, apontam para o futuro, sem nenhuma expressão da presença de Deus entre o Seu povo, até aquela noite em Belém, aproximadamente 600 anos depois. Lá, com o anjo do Senhor, a glória retornou! Retornou para anunciar a presença de Deus mais uma vez entre o Seu povo na pessoa do Cristo, a quem João descreveu de maneira impressionante: "E o Verbo se fez carne e habitou entre nós, cheio de graça e de verdade, e vimos a sua glória, glória como do unigênito do Pai" (João 1:14).

É "a glória do Senhor" que desperta admiração e adoração e, no caso dos pastores, medo. Por centenas de anos, a glória do Senhor não era vista na terra de Israel. Mas agora, na presença dos pastores, a glória havia retornado!

O momento da mensagem

Banidos pelo próprio sistema religioso que ajudavam a abastecer, os pastores eram obrigados a procurar a esperança em outro lugar. Naquela noite, eles a encontraram na mensagem do anjo, diz o comentarista John Gill:

> Aos pastores, foi dada a primeira notícia do nascimento de Cristo; não aos príncipes, aos sacerdotes principais nem aos homens instruídos de Jerusalém, mas a homens fracos, comuns e analfabetos; aos quais a Deus agradou escolher e chamar, e revelar Seus segredos, assim como Ele os esconde do sábio e prudente, para a sua confusão, e para a glória de Sua graça. Este foi o precursor, do que seria o reino de Cristo, e pelo qual, e para quem, o evangelho seria pregado.

Dr. Larry Richards, autor e educador, nos lembra que os pastores estavam singularmente preparados para serem os receptores deste grande privilégio:

> O Salvador, que havia nascido e estava repousando em uma silenciosa manjedoura, era o Cordeiro de Deus. E como Cordeiro, Ele estava destinado a morrer pelos pecados do mundo. Morrer como Salvador destes mesmos pastores. Talvez os pastores, que cuidavam dos terneiros, que se sentavam durante noites frias e escuras no campo,

para guardar e proteger seus rebanhos entendiam o coração de pastor do Deus Pai, e entreviam o que significou para Ele dar o Seu único Cordeiro por todos.

Do ponto de vista humano, é espantoso que o Filho de Deus se identificasse com pastores, alguns dos membros mais inferiores da sociedade e da cultura naquela época (João 10). Mesmo assim, Ele descreve a Si mesmo como um pastor, o protetor e seguidor do Seu rebanho. Imagine estes pastores — isolados de suas famílias, seus templos, e de suas esperanças como cidadãos — descobrindo através da boca dos anjos que eles não haviam sido rejeitados ou esquecidos por Deus, um fato que foi comprovado por Ele quando os escolheu para serem os primeiros a ouvirem a mensagem de esperança: "é que hoje vos nasceu, na cidade de Davi, o Salvador, que é Cristo, o Senhor" (Lucas 2:11).

Esta mensagem de esperança para os pastores era a mensagem de esperança para todo o mundo. Pois, esta criança nascida em Belém se tornaria...

- O bom pastor que dá a vida pelas ovelhas (João 10:11).
- O grande pastor das ovelhas, pelo sangue da eterna aliança (Hebreus 13:20).
- O pastor e bispo da nossa alma (1 Pedro 2:25).

- O supremo pastor que receberá a imarcescível coroa da glória (1 Pedro 5:4).

Humilde adoração em um lugar inesperado

Onde você gosta de adorar? Alguns preferem uma majestosa catedral, outros uma simples capela. Mas alguém escolheria um estábulo, como primeira opção? Mesmo assim, depois de ouvirem a mensagem dos anjos, a primeira resposta dos pastores foi encontrar o estábulo onde Maria havia dado à luz ao Salvador.

Para mim, isto apenas confirma que o nosso Deus é o Deus do inesperado. E poucas coisas poderiam ser mais inesperadas do que o Rei Celestial ter nascido em um estábulo.

> E, ausentando-se deles os anjos para o céu, diziam os pastores uns aos outros: Vamos até Belém e vejamos os acontecimentos que o Senhor nos deu a conhecer. Foram apressadamente e acharam Maria e José e a criança deitada na manjedoura (Lucas 2:15-16).

Muitas vezes eu ouço pessoas usarem várias formas da expressão: "Você não é conhecido pelo que lhe acontece, mas pelo modo como você responde aos acontecimentos." Isto é verdade, eu acredito que em certas áreas da vida sejam elas; boas ou ruins, alegres ou dolorosas, emocionantes ou apavorantes, o modo como respondemos nos avalia de tal maneira que não conseguimos expressar com palavras.

A resposta dos pastores foi primeiro adorar e, segundo — contar o que haviam visto!

> E, vendo-o, divulgaram o que lhes tinha sido dito a respeito deste menino. Todos os que ouviram se admiraram das coisas referidas pelos pastores (Lucas 2:17-18).

Os pastores não foram apenas os primeiros a ouvir, eles foram também os primeiros a contar a mensagem de Natal. Seus corações explodiam de admiração pelo que acabaram de vivenciar, e eles compartilharam aquele milagre com outros, contando detalhes da fantástica história — os anjos, a glória e o recém-nascido.

Isto é adoração verdadeira — ajoelhar-se diante de Cristo para que, então, se esteja apto a ficar em pé diante dos outros e proclamar Sua glória e salvação. Ser humilde em silêncio na presença do Rei, para que você possa desta maneira, falar audaciosamente a todos aqueles que necessitam ouvir.

E pensar que tudo isso se desenvolveu a partir de uma experiência de adoração, no mais improvável dos lugares, numa das mais improváveis noites, envolvendo os mais improváveis dos homens.

Celebração feita de coração

> Voltaram, então, os pastores glorificando e louvando a Deus por tudo o que tinham ouvido e visto, como lhes fora anunciado (Lucas 2:20).

O comentarista Adam Clarke escreveu: "Estes homens simples, tendo evidências satisfatórias da veracidade das boas novas, e sentindo uma influência divina sobre suas próprias mentes, retornaram para pastorear seus rebanhos, glorificando a Deus pelo que Ele os havia mostrado, e por todas as bem-aventuranças que sentiram... Que temas para contemplação! Que grande motivo para louvar!"

Antes rejeitados, eles eram agora adotados. Uma vez impróprios para o templo, eles agora estavam ao lado de profetas e sacerdotes para celebrar a chegada da esperança da eternidade.

Pastores celebrando o nascimento de um cordeiro — o que poderia ser mais apropriado?

Há muitos anos liderei um grupo de viagem de estudos a Israel, e uma de nossas paradas, é claro, foi Belém. Fizemos estudos bíblicos em um local de onde se podia avistar, o que se conhece como "o campo dos pastores", e então o grupo teve a oportunidade de passar algum tempo fazendo compras em Belém, nas lojas mundialmente famosas de artesanatos feitos com a madeira de oliveira. Eu fui um dos tantos que compraram adoráveis conjuntos de presépios feitos de tal madeira. Os preços dos presépios dependiam da delicadeza das esculturas. Algumas eram tão rústicas que quase podiam ser consideradas como arte abstrata, enquanto outras eram tão realisticamente entalhadas que as figuras davam a impressão de estarem verdadeiramente vivas.

Mais tarde, ao retornarmos a Jerusalém com o nosso ônibus de turismo, atravessamos novamente os campos dos pastores. Com as peças do meu presépio de madeira nas mãos, eu refleti sobre os eventos do dia e os eventos do primeiro Natal. E à medida que passávamos pela área onde os anjos visitaram os pastores e proclamaram a chegada do Rei, pensei na letra de uma das minhas canções favoritas de Natal:

Pequena vila de Belém,
Repousa em teu dormir,
Enquanto os astros lá no céu
Estão a refulgir
Porém nas tuas trevas
Resplende a eterna luz

A JANELA DA ADORAÇÃO

Incomparável, divinal:
Nasceu o bom Jesus!

Da Virgem Mãe nasceu Jesus
Vós anjos, dai a Deus,
Louvor, e aos homens proclamai
As novas lá dos céus.
Estrelas matutinas,
Em vosso resplendor
Vibrando os ares, publicai
De Deus o eterno amor!

O dom glorioso, divinal,
Nenhum alarde faz.
Assim aos homens o Senhor
Concede graça e paz
Sereno e muito humilde,
Vem Ele ao mundo, assim,
Trazendo a todos redenção,
Mostrando amor sem fim.

Ó Santo infante de Belém,
Em nossos corações
Habita, e dá-nos entrever celestiais visões
Nos céus proclamam anjos
De Deus o amor fiel.

Oh! Vem, Senhor, em nós morar,
Eterno Emanuel!

Atravessando aqueles campos montanhosos salpicados com rochas, de terreno áspero, e mesmo assim povoados por ovelhas dispersas, essa letra familiar enriqueceu a textura daquele cenário. E enquanto eu olhava para as montanhas e tentava visualizar aquela sagrada noite tão distante, nosso guia pediu ao motorista que parasse o ônibus. Ali, parados no acostamento, havia dois jovens garotos, que não tinham mais do que doze ou treze anos de idade, segurando um cordeirinho. Eles eram pastores de Belém.

Dois mil anos depois que o anúncio do nascimento do Filho de Deus fora anunciado aos pastores pobres, esquecidos e banidos, estes pastores ainda estavam trabalhando nos campos e "pastoreavam seus rebanhos".

Quando os meninos passaram pelo corredor do nosso ônibus, quase todas as pessoas passaram a mão na cabeça daquele cordeirinho. Foi um momento maravilhoso. Pastores dos mesmos pastos, apresentando um cordeiro.

Dois mil anos depois, ainda continuamos a celebrar o Cordeiro, e nos juntamos à companhia de pastores que foram os primeiros a fazê-lo.

A Janela *da* Obediência

José

Eu amo música – todo tipo de música. Mas por vários anos, eu deliberadamente ignorei a música *country* (talvez uma pequena rebeldia contra as minhas raízes do estado de Virginia Ocidental). Até que há alguns anos, minha filha me convenceu a ouvir algumas canções deste gênero *country*, e, tenho de admitir que fiquei encantado – em parte porque as letras eram inteligentes, e em parte porque as canções, muitas vezes, contavam histórias.

Um dos primeiros cantores que Beth quis que eu ouvisse foi, ironicamente, um conterrâneo meu de Virginia, Brad Paisley. Imediatamente simpatizei com esse cantor e compositor, porque compartilhávamos o mesmo amor pelo *Cleveland Browns*, uma equipe de futebol profissional, e pela mesma equipe de futebol universitário. Além do mais, ele é tão simpático quanto divertido. Suas músicas como *Celebrity* (Celebridade) ou *I'm Gonna Miss Her* (Sentirei Falta Dela) são muito engraçadas. Outras como *I Wish You'd Stay* (Eu Gostaria Que Você Ficasse) ou *When I Get Where I'm Going* (Quando Eu Chegar Onde Estou Indo) são sérias e comoventes.

Naquela última categoria há uma canção intitulada *He Didn't Have To Be* (Ele Não Precisava Ser), a qual conta a história de um menino que é filho único de uma mãe solteira. Todas as vezes que um homem convida esta jovem mãe para sair, o relacionamento rapidamente se evapora quando o novo pretendente descobre que ela tem um garotinho. Uma vez após a outra, o menino assiste, sem poder fazer nada, sua mãe perder o que ele acredita ser mais uma chance de felicidade, entendendo de imediato que a culpa é sua. Porém, um dia, um homem vem visitá-la e, com um sorriso, convida o menino para juntar-se a eles no passeio. Um laço de amor e apreciação surge entre o menino e o homem que, eventualmente, se torna seu padrasto. Agora, cantando como um adulto, ele celebra o fato de ter crescido com o amor e a aceitação de um padrasto que transformou sua casa em um lar e o dueto, que fazia com sua mãe, em um trio. Tendo ele mesmo, agora, uma esposa, o jovem se vê parado do lado de fora do berçário de um hospital, olhando através da janela para o seu próprio filho recém-nascido, ao lado do seu padrasto. E qual era a sua ânsia, o seu desejo e sua prece? Que ele fosse capaz de ser, pelo menos, a metade de tudo que seu padrasto foi, mas que "não precisava ser".

O homem, que ele cresceu amando como se fosse seu pai, podia ter dado meia volta e ido embora. Ele podia escolher, e escolheu ser um pai. Ele escolheu ser o que ele não precisava ser. Ele escolheu amar.

Esta canção me lembra a história do Natal, porque me traz à lembrança um personagem central, embora silencioso e quase invisível, no drama do nascimento de Cristo: José, o carpinteiro de Nazaré. Ele, também, fez escolhas. Ele, também, poderia ter dado meia volta e ido embora. Mas em vez disso, ele aceitou de todo o coração e em obediência o que poderia ter sido de maneira indiscutível, uma das tarefas mais impossíveis no universo — ser o padrasto do Filho de Deus.

Ele foi obediente, pagou um alto preço, escolhendo ser o que ele não era obrigado a ser. E tudo começou com a visita de um anjo, da mesma forma como aconteceu a Maria e aos pastores.

Obediente às instruções angelicais

Por tradição acredita-se que José era significativamente mais velho do que Maria, uma hipótese baseada na probabilidade de que ele já estava morto quando Jesus começou a ensinar publicamente. Talvez José tivesse esperado um longo tempo para se casar e agora ansiava pela consumação do seu casamento com a jovem esposa. O noivado entre eles significava que estavam legalmente unidos um ao outro, embora ainda não estivessem vivendo juntos, como marido e mulher — bem diferente dos "noivados" de hoje em dia, que podem ser desfeitos facilmente.

Portanto, imagine a tristeza de José quando ele ouviu que Maria, sua jovem noiva, pura e religiosa, estava grávida! A sua aparente traição deve ter abalado o seu mundo. Como ela poderia ter feito isso? E quem era o homem que havia participado da traição?

Não somos informados se José teve um contato pessoal com Maria para tratar deste assunto. O mais provável é que o pai da jovem, com muita vergonha, tenha se aproximado de José com a notícia. E agora José devia decidir o que fazer, e Mateus nos preenche as lacunas, abrindo-nos uma janela para o interior do sereno caráter do coração de José:

> Ora, o nascimento de Jesus Cristo foi assim: estando Maria, sua mãe, desposada com José, sem que tivessem antes coabitado, achou-se grávida pelo Espírito Santo. Mas José, seu esposo, sendo justo e não a querendo infamar, resolveu deixá-la secretamente (Mateus 1:18-19).

O futuro noivo, com seu coração quebrantado, ponderou suas opções. Se a gravidez de Maria se tornasse conhecida de todos, ele seria publicamente humilhado e seria objeto de pena e zombaria. Mesmo assim, sua resposta não foi de vingança ou até mesmo de demanda por justiça. Ele poderia ter exigido que sua futura noiva fosse apedrejada até a morte pelo pecado do adultério — promiscuidade sexual ocorrendo durante o período formal de noivado. Embora não houvesse relação sexual entre o noivo e a noiva durante o período de noivado, o compromisso de união era legal e poderia ser desfeito apenas através do divórcio. Em vez de vingança ou castigo, José procurou proteger Maria de maneira diferente sem deixar de obedecer às leis de Moisés.

Quais eram suas opções? A morte por apedrejamento, o que o exoneraria publicamente, ou uma dissolução discreta do compromisso de casamento, que a removeria de sua vida. Enquanto José estava se debatendo entre este dilema, e ao que tudo indica, decidindo por terminar o noivado discretamente, ele recebeu uma mensagem especial do mesmo mensageiro que previamente havia visitado Maria:

> Enquanto ponderava nestas coisas, eis que lhe apareceu, em sonho, um anjo do Senhor, dizendo: José, filho de Davi, não temas receber Maria, tua mulher, porque o que nela foi gerado é do Espírito Santo. Ela dará à luz um filho e lhe porás o nome de Jesus, porque ele salvará o seu povo dos pecados deles. Ora, tudo isto aconteceu para que se cumprisse o que fora dito pelo Senhor por intermédio do profeta: Eis que a virgem conceberá e dará à luz um filho, e ele será chamado pelo nome de Emanuel que quer dizer: Deus conosco (Mateus 1:20-23).

A palavra "ponderar" é significativa. Ela fala sobre meditação profunda e raciocínio intenso, e mostra a intensidade com que José lutava com o dilema. É também uma palavra cujo significado é sinônimo de "pensar — de dialogar consigo mesmo" do mesmo modo que Maria ponderou após receber a visita do anjo Gabriel!

Um mensageiro angelical com uma mensagem celeste não é pouca coisa, e os componentes da mensagem são extremamente significativos:

- A posição de José como um descendente do grande Rei Davi, herói do passado de Israel, coloca seu enteado na linhagem da família real.
- O Espírito Santo é a origem da gravidez de Maria: "Concebido pelo Espírito Santo."
- O nome da criança, Jesus, descreverá sua missão: "Ele salvará Seu povo dos seus pecados."
- O nascimento da criança será um cumprimento de profecia nas Escrituras Judaicas, explicando não apenas a razão da vinda da criança, mas quem Ele era — "Deus conosco."

A mensagem do anjo foi uma notícia boa e má. A boa notícia era que Maria não lhe havia sido infiel. Ele poderia casar-se com ela sem nenhuma dúvida sobre a sua pureza e seu compromisso para com ele. A má notícia? Quem, algum dia, acreditaria nisso? Como ele poderia explicar aos amigos e familiares a verdadeira natureza da gravidez de Maria? Certamente, tal história pareceria absurda, e ele ficaria marcado como um tolo por acreditar em tal bobagem. Mais uma vez José se deparou com uma encruzilhada de escolhas — uma escolha entre a auto proteção e a obediência.

> Despertado José do sono, fez como lhe ordenara o anjo do Senhor e recebeu sua mulher. Contudo, não a conheceu, enquanto ela não deu à luz um filho, a quem pôs o nome de Jesus (Mateus 1:24-25).

José respondeu com obediência nesta situação profundamente difícil em sua vida. Não foi fácil ou indolor obedecer, e não veio sem preço. No entanto, esta não foi a única vez que a obediência seria digna de registro em sua vida.

Obediente ao governo humano

Por dois milênios o começo da história de Natal tem sido alardeado pelas conhecidas palavras: "Naqueles dias saiu um decreto da parte de César Augusto, para que todo o mundo fosse recenseado" (Lucas 2:1). Esta passagem descreve, concisa e claramente, como era o mundo no qual José viveu. Roma dominava com poder absoluto, e as opções eram: ou você se submetia a esse poder ou era esmagado por ele.

Os eventos envolvendo o nascimento de Cristo, entretanto, também servem como impressionante lembrança de que o governo humano não opera de maneira independente ou no vácuo. Provérbios 21:1 lembra que: "Como ribeiros de águas assim é o coração do rei na mão do SENHOR; este, segundo o seu querer, o inclina." Em Gálatas 4:4 somos informados que "vindo, porém, a plenitude do tempo, Deus enviou seu Filho, nascido de mulher, nascido sob a lei," e parte da "plenitude do tempo" foi uma orquestração divina dos eventos da história da humanidade para preparar o cenário para a chegada de Cristo.

> Naqueles dias, foi publicado um decreto de César Augusto, convocando toda a população do império para recensear-se. Este, o primeiro recenseamento, foi feito quando Quirino era governador da Síria. Todos iam alistar-se, cada um à sua própria cidade. José também subiu da Galiléia, da cidade de Nazaré, para a Judéia, à cidade de Davi, chamada Belém, por ser ele da casa e família de Davi, a fim de alistar-se com Maria, sua esposa, que estava grávida (Lucas 2:1-5).

Note o peso político envolvido na origem desta decisão: quem dominava o mundo conhecido naquele tempo era César Augusto, e Quirino governou um pedaço dele. Contudo, ambos eram governados por Deus, o rei do céu e da terra. E o mundo inteiro – "toda a terra habitada" – foi posto em movimento, de maneira que Maria estaria onde precisava estar para que Cristo nascesse no local onde os profetas haviam dito que Ele haveria de nascer.

Estudiosos da Bíblia diferem em suas opiniões, se Maria poderia ter sido dispensada da difícil (e perigosa) viagem a Belém, para o recenseamento, devido ao avançado estado de gravidez. Porém, não importa qual tenha sido a exigência legal naquele tempo, José seguiu o decreto literalmente indo a Belém para ser incluído no censo imperial. Isto pode parecer algo pequeno, mas eu não penso assim. Eu acho que revela o coração deste homem e sua completa obediência para com aquele que tão perfeitamente instruiu Seus seguidores (e a nós) em nosso relacionamento com os "detentores do poder". Esta é a demonstração de um coração que reconhece a função da autoridade e a aceita.

Como resultado da obediência de José, o Filho de Deus nasceu em Belém, cidade de Davi, como Miquéias havia profetizado.

Obediente à Palavra de Deus

E, quando os oito dias foram cumpridos, para circuncidar o menino, foi-lhe dado o nome de Jesus, que pelo anjo lhe fora posto antes de ser concebido. E, cumprindo-se os dias da purificação deles, segundo a lei de Moisés, levaram-no a Jerusalém, para o apresentarem ao Senhor: Todo primogênito ao Senhor será consagrado; e para oferecer um sacrifício, segundo o que está escrito na referida Lei: Um par de rolas ou dois pombinhos (Lucas 2:21-24).

Vemos o envolvimento subsequente de José na história, em um evento que foi, sem dúvida, de sua responsabilidade, ainda que ele não seja mencionado neste texto. Era muito importante para um judeu fiel honrar as exigências da lei quanto ao nascimento de uma criança. A doutrina de Moisés exigia respostas de sacrifício e ritos cerimoniais, estabelecidos nestes mandamentos do Antigo Testamento.

- Todo menino judeu deve ser circuncidado. Isto os marcava como filhos de Abraão (Gênesis 17). Primeiramente praticado por ordem direta e expressa de Deus, a circuncisão foi incorporada na lei dos judeus, por intermédio de Moisés, como uma maneira de manter o povo de Deus distinto e separado das culturas pagãs que os rodeavam.

- Um sacrifício deve ser feito para a purificação da nova mãe (Levíticos 12). Isto aconteceria quarenta dias após o nascimento da criança, fosse esta, menino ou menina. O fato de José e Maria terem oferecido rolas ou pombas como sacrifício demonstra que não eram ricos, pois, dos abastados era exigido que oferecessem um cordeiro.

O cumprimento das exigências da lei era função do pai, e apesar de José não ter sido mencionado nesta passagem, podemos seguramente, deduzir que José preencheu as demandas da lei após o nascimento de Cristo, preparando o caminho para aquele que mais tarde diria: "Não penseis que vim revogar a Lei ou os Profetas; não vim para revogar, vim para cumprir" (Mateus 5:17).

O Cristo que traria o verdadeiro e completo cumprimento de toda a lei seguiu os passos de um padrasto terreno que obedeceu a Deus com seriedade. Em tudo que fez, José exemplificou o espírito de submissão que Deus merece e espera dos Seus filhos.

Obediente a um aviso celestial

Antes da última aparição de José nas páginas da Bíblia, onde o encontramos visitando o templo em Jerusalém com Maria e Jesus aos 12 anos de idade (Lucas 2), nós o vemos diante de mais duas oportunidades para obedecer ou desobedecer (Mateus 2).

> Tendo Jesus nascido em Belém da Judéia, em dias do rei Herodes, eis que vieram uns magos do Oriente a Jerusalém. E perguntavam: Onde está o recém-nascido Rei dos judeus? Porque vimos a sua estrela no Oriente e viemos para adorá-lo. Tendo ouvido isso, alarmou-se o rei Herodes, e, com ele, toda a Jerusalém (Mateus 2:1-3).

A visita dos magos alarmou Herodes, que viu o nascimento de um novo rei como um perigo evidente e presente à estabilidade e longevidade do seu próprio reino. A repercussão da visita dos magos a Belém deve ter preocupado José também, ainda que de uma maneira inteiramente diferenciada. Depois que os misteriosos desconhecidos apareceram na soleira da porta, outro mensageiro angelical alertou José para o perigo que os rondava.

> Tendo eles partido, eis que apareceu um anjo do Senhor a José, em sonho, e disse: Dispõe-te, toma o menino e sua mãe, foge para o Egito e permanece lá até que eu te avise; porque Herodes há de procurar o menino para o matar. Dispondo-se ele, tomou de noite o menino e sua mãe e partiu para o Egito; e lá ficou até a morte de Herodes, para que se cumprisse o que fora dito pelo Senhor, por intermédio do profeta: Do Egito chamei o meu Filho. Então, se cumpriu o que fora dito por intermédio do profeta Jeremias: Ouviu-se um clamor em Ramá, pranto, [choro] e grande lamento; era Raquel chorando por seus filhos e inconsolável porque não mais existem. Tendo Herodes morrido, eis que um anjo do Senhor apareceu em sonho a José, no Egito (Mateus 2:13-18).

Maria e José viviam em uma classe inferior para serem notados por governadores e magistrados. Nunca lhes ocorreu que seu filho pudesse estar correndo perigo proveniente de tais poderes. Subitamente, José compreendeu que viviam em um mundo muito mais perigoso do que jamais haviam imaginado. Apenas uma voz angelical poderia convencê-los de que seu pequenino bebê estava em perigo.

Quando José recebeu o aviso do anjo, ele não hesitou. Seu primeiro instinto foi proteger a criança. A jornada para o Egito seria longa, e perigosa, mas com as ameaças de Herodes pairando sobre eles, não podiam ficar em Belém.

No Egito estariam seguros. E do Egito, Cristo — como os filhos de Israel liderados por Moisés centenas de anos antes — eventualmente retornaria à sua casa para viver e crescer e se preparar para Seus anos de ministério público.

> Tendo Herodes morrido, eis que um anjo do Senhor apareceu em sonho para José, no Egito, e disse-lhe: Dispõe-te, toma o menino e sua mãe e vai para a terra de Israel; porque já morreram os que atentavam contra a vida do menino. Dispôs-se ele, tomou o menino e sua mãe e regressou para a terra de Israel. Tendo, porém, ouvido que Arquelau reinava na Judéia em lugar de seu pai Herodes, temeu ir para lá; e, por divina advertência prevenido em sonho, retirou-se para as regiões da Galiléia (Mateus 2:19-21).

No plano humano, a disposição de José em obedecer ao aviso do anjo, foi a primeira de muitas fugas do perigo que Jesus experimentou. Aquele de quem muitas vezes se ouviu dizer "Minha hora ainda não é chegada" sobreviveria a esta e a outras ameaças até o momento chegado da Sua morte na cruz — uma morte que cumpriria a lei, removeria a necessidade de mais sacrifícios, e redimiria um mundo repleto de pecados.

A obediência de José era parte da preparação para o ministério e para as realizações do Filho que "aprendeu a obediência pelas coisas que sofreu" (Hebreus 5:8).

Quando olhamos a história através da janela de José, vemos claramente sua constante obediência. Fazendo escolhas após escolhas, ele respondeu com obediência a cada desafio que precisava enfrentar.

A beleza da obediência é de alguma maneira, denegrida em nosso mundo do "faça do seu jeito" onde a frase "cuidando do seu próprio interesse" tem se tornado o grito de guerra. Mesmo assim, ainda há beleza, simples e serena, no coração obediente. Recusa-se a aceitar a natureza rebelde da nossa queda e nos aponta um caminho melhor. Mostra-nos a sabedoria por levar Deus a sério e também a insensatez da autodeterminação. Faz-nos lembrar que somente Deus é soberano e que nós não o somos — e esta é a maneira que deve ser.

No excelente livro *A Long Obedience in the Same Direction* (Uma Longa Obediência na Mesma Direção), escrito por Eugene Peterson, o autor escreveu o seguinte:

> Friedrich Nietzsche escreveu: "O essencial 'no céu e na terra' é — almejar uma obediência na mesma direção; o que resultaria e sempre resultou a longo prazo, em algo que faz a vida valer a pena ser vivida. É esta 'almejada obediência numa mesma direção' que o humor do mundo faz tudo para desencorajar."

A "longo prazo" e a "almejada obediência" – José escolheu viver tal vida em obediente confiança, neste mundo que desencoraja compromissos de longo prazo em favor da gratificação instantânea. Assim, enquanto enfrentamos o desafio de ignorar ou obedecer, de seguir o Mestre ou seguir nosso próprio caminho, José nos deixou um exemplo que vale a pena seguir.

Nunca ouvimos José falar. Ele não inicia o diálogo, ele reage ao que lhe é dito. Ele não toma um lugar de importância; ele trabalha nos bastidores. Mas a característica permanente do seu exemplo consistente é sua disposição em obedecer a Deus porque, aparentemente, ele tinha aprendido muito tempo antes a confiar em Deus. Na verdade, a obediência de José nos ensina que confiança e obediência são inseparáveis. Se não confiamos primeiro em Deus, nunca entregaremos nossas escolhas e objetivos aos Seus propósitos, e se não obedecemos a Deus, nunca veremos as coisas grandes e transformadoras que Ele deseja realizar em nossas vidas, e através delas. Não é de se admirar que um dos hinos mais queridos da fé Cristã ecoa esta simples verdade:

Crer e observar tudo quanto ordenar!
O fiel obedece ao que Cristo mandar!

A Janela *do* Contentamento

Simeão

Anos atrás, ouvi o professor Howard Hendricks do Seminário de Dallas dizer que o Natal na América não é tanto sobre o *dar* como é sobre o *trocar*. Se presentearmos alguém com algo fabuloso, e o que recebermos desta pessoa for assim, vamos dizer, menos do que fabuloso, tudo bem. Nós nos certificaremos de que no ano seguinte as coisas serão compensadas quando chegar a hora de escolher os presentes. Quem às vezes já não se sentiu um pouco ofendido com a inferioridade de um presente recebido? (Vamos lá, agora seja honesto). Na verdade, nossa cultura alimenta essa decepção quando direciona nossa atenção para presentes que são impossíveis de uma pessoa comum adquirir. Ainda assim, nós acordamos na manhã de Natal, certos de o presente que receberemos de alguém, cujo amor por nós será medido pela qualidade do presente que nos der, será fantástico este ano. O único benefício deste jogo emocional é cultivar a perniciosa raiz da insatisfação.

Para mim, isto me traz à memória o tempo em que eu tinha 12 anos de idade, o ano em que eu pedi uma guitarra para o Natal. Meu pedido parecia perfeitamente razoável. Afinal de contas, como eu poderia me tornar o próximo Paul McCartney ou George Harrison se eu não começasse a tocar? Eu não fechei os olhos na noite da véspera de Natal, imaginando a sensação dos meus dedos nas cordas e os acordes que, sem esforço, fluiriam daquele instrumento (não importa o fato de que eu não sabia tocar). Finalmente, a manhã de Natal chegou. Eu esperei ansiosamente até que papai nos deu o sinal, para nos dirigirmos à árvore de Natal e assim fizemos, como uma praga de gafanhotos. Então, eu me lancei escada abaixo e vasculhei a sala de jantar à procura de minha guitarra — ela não estava lá! E para piorar ainda mais, eu encontrei em seu lugar o pior presente de Natal que um garoto de doze anos de idade, aspirante a Beatles, jamais havia recebido — um dicionário!

Agora, da perspectiva da minha suposta maturidade, fica claro que eu nunca seria nos anos 60 o equivalente ao "Ídolo Americano", e reconheço que passei a minha vida adulta lidando com palavras. Portanto, o dicionário foi um presente que teve um valor e uma importância muito mais duradoura. Mas você nunca teria conseguido convencer desse fato, um garoto de 12 anos, magoado. Um dia planejado para ser de alegre celebração havia sido obscurecido pela nuvem da decepção. E sob aquela nuvem, discursos sobre a necessidade de ser agradecido, feliz, ou satisfeito, apenas exacerbavam a minha decepção. Esses são os resultados que provém de expectativas infundadas ou equivocadas. Elas nunca produzirão contentamento.

Assim, este é um capítulo um tanto desafiador para mim, pois me lembra o quanto uma expectativa inadequada pode ser egoísta e o quanto é necessário — especialmente durante a época do ano em que celebramos o presente de Deus para nós — 'recalibrar' minhas próprias expectativas. O desafio de cultivar um coração de contentamento é uma luta difícil de ganhar e milhões de maus exemplos de expectativas erradas e de profundas decepções poderiam ser citados como advertências. Talvez um plano melhor fosse o de observar um único exemplo de expectativas corretas e o profundo contentamento que elas podem gerar.

Uma vida de devoção

Ao pensar em um título para este assunto, os nomes e rostos de pessoas que viveram longas vidas de serviços espirituais e de fidelidade preenchem minha memória — pessoas cujos exemplos influenciaram meu próprio coração e raciocínio sobre o ministério. Parece que a cada passo crítico ao longo do caminho em minha própria jornada espiritual, eu tive o privilégio de encontrar um santo mais experiente trilhando o caminho e realizando o trabalho com alegria e satisfação. Embora eu me sentisse desqualificado para escrever sobre uma vida de devoção, considerando a minha própria vida, sei como reconhecer uma vida de devoção quando a vejo. Tem muito a ver com "valorização do interior" e "preparando-se para desafios maiores" e "prosseguindo para o alvo até a linha de chegada" — e todos aqueles outros clichês que são banalizados porque tendem a ser medidos por cronômetros quando o que eles realmente precisam é de um calendário. Uma vida de devoção exige mais. Exige tudo.

Esta próxima perspectiva na história de Natal envolve justamente tal homem. Já em idade avançada, Simeão permaneceu ligado ao templo em Jerusalém, por mais tempo do que qualquer um possa se lembrar. Mas ele continua indo ao Templo, honrando seu Deus, esperando pela Promessa. Sua devoção é capturada por Lucas com apenas algumas palavras, mas cada uma delas repleta de discernimento:

> Havia em Jerusalém um homem cujo nome era Simeão; e este homem era justo e temente a Deus, esperando a consolação de Israel; e o Espírito Santo estava sobre ele (Lucas 2:25).

Este homem, Simeão, possuía um registro histórico ao invés de uma reputação. Note como ele é descrito:

- ***Justo:*** num sentido amplo, justo refere-se à pessoa que é correta, virtuosa, que guarda as ordenanças de Deus. Fala sobre alguém que valoriza o compromisso que assumiu com Deus e vive sua vida para agradá-lo, ao invés de agradar a si mesmo. Num sentido mais restrito, a *Concordância de Strong* [ferramenta de estudo bíblico, escrita por Dr. James Strong], descreve o justo como sendo aquele que trata os outros de maneira apropriada e justa. Em ambos os casos, é certamente um título nobre que merece nossas aspirações.

- ***Devoto:*** Esta palavra fala de uma pessoa que reverencia Deus e permite que esta reverência impacte sua vida e suas escolhas. Enquanto que *justo* tem a ver com obedecer a Deus, aquele que é *devoto* vive para honrar a Deus. De fato, um compromisso significativo.
- ***Aguardando a consolação de Israel:*** "A consolação de Israel" é uma referência ao Messias de Israel. Simeão vivia sua vida apoiando-se nesta expectativa – "aguardando" o Messias. Enquanto muitos, especialmente os mais velhos, pareciam absorvidos pelo passado, Simeão ansiava pelo futuro.
- ***O Espírito Santo estava sobre ele:*** Isto é fascinante, pois, até que o Espírito Santo veio habitar nos que criam, no Pentecoste (ver Atos 2), a atuação do Espírito Santo era basicamente nos bastidores. A presença do Espírito Santo de Deus em um indivíduo, desta maneira, é um fenômeno do Novo Testamento, pois Simeão foi o protagonista deste fato.

Se alguém pudesse utilizar apenas algumas frases para descrever você, quais seriam elas? Minha esposa e eu fazemos brincadeiras sobre um episódio de uma comédia que vimos na TV, no qual uma pessoa extremamente cafona e maliciosa, que é o gerente de vendas de uma estação de rádio, tem o seu perfil descrito por um programa da televisão local. Ele impingiu na mente de todo mundo como ele gostaria de ser descrito, e isto, comicamente, se torna uma ladainha implacável da falsa caracterização que ele mesmo redigiu para todos os seus colegas e membros da família repetir indefinidamente: trabalhador, homem de família, bom rapaz e cheio de qualidades. Essa era a maneira que ele queria ser visto; simplesmente não era a maneira que queria viver. Eu prefiro a lista de Lucas. A descrição de Simeão não foi fabricada. Não foi uma caricatura. Foi uma descrição precisa de um homem fiel que viveu uma vida de devoção.

A emoção da esperança

A esperança tem uma concepção que é, francamente, repleta de riscos. É muitas vezes leve e sem substância, sendo relacionada mais com desejos otimistas do que com expectativas seguras. E isso ocorre porque a esperança deve estar ligada a alguma coisa ou, neste caso, a alguém. Note como Lucas continua a entrelaçar Simeão no quadro de Natal que ele está criando:

> Revelara-lhe o Espírito Santo que não passaria pela morte antes de ver o Cristo do Senhor (Lucas 2:26).

A simples verdade é a seguinte: a esperança bíblica está ligada a Jesus Cristo; o que permite à verdadeira esperança ser mais do que simplesmente um sentimento do tipo "tomara que aconteça". Esta esperança é forte e segura e nos outorga poder, durante a nossa caminhada ao longo da vida. Nele, a esperança se torna uma importante plataforma da qual podemos nos lançar ao profundo das águas, confiando em Cristo.

A esperança de Simeão veio de uma promessa extraordinária que o Espírito Santo lhe dera:

Simeão não veria a morte
ATÉ QUE
visse o Cristo do Senhor.

"O Cristo do Senhor" era "o ungido do Senhor", o Messias, a esperança de gerações, por tanto tempo aguardada. Por centenas e centenas de anos o povo judeu confortou-se com a promessa do Messias e encontrou força naquela promessa durante os dias difíceis. Eles haviam clamado por seu cumprimento durante tempos de crise nacional e durante dias haviam descansado serenamente na certeza de prosperidade nacional.

Agora, depois de séculos de espera, um sinal foi dado: a vida de Simeão serviria como uma linha de demarcação na história. Se ele morresse, o Messias estava vivo em algum lugar no planeta Terra. Mas a segunda parte da promessa era ainda mais impressionante. Simeão não viveria simplesmente até a chegada do Messias; ele veria pessoalmente o Prometido!

Esta promessa afetou radicalmente o modo como Simeão via a vida e a maneira como a vivia. A impressão que temos do registro de Lucas é que, como resultado desta promessa, Simeão passou seus dias no templo esperando o seu cumprimento, e vivendo a expectativa do momento em que veria o Messias de Israel. Foi a mesma expectativa que marcou o coração e a paixão espiritual da escritora de hinos e poeta Fanny Crosby. Ficando cega na infância, Crosby escreveu com olhos que viram muito mais, espiritualmente, do que muitos de nós conseguimos enxergar fisicamente. Como Simeão, ela viveu uma vida de expectativas ao alimentar esperanças pelo momento quando veria o Rei dos Reis, o que a estimulou a escrever palavras que Simeão com certeza apreciaria:

Em breve a vida vai findar,
Aqui não mais eu cantarei;

Porque no céu irei morar
Lá na presença do meu Rei
E face a face vê-lo-ei
De graça salvo, cantarei
E contar a história — Salva pela graça!

As expectativas de Fanny Crosby para o céu foram prometidas a Simeão ainda na terra — a esperança de ver o Cristo do Senhor e o Salvador do mundo "face a face". Isto é motivo de esperança!

O coração satisfeito

Durante meses o Taco Bell, uma rede de *fast food* [comidas prontas] de comida mexicana, circulou uma série de propagandas anunciando as suas novas e super gigantes tortilhas e tacos, com pessoas comuns anunciando de forma dramática: "Eu estou satisfeito!" A idéia da campanha publicitária era passar que as lanchonetes "comuns" não podiam saciá-lo. A única maneira de realmente satisfazer a sua fome era com uma das suas tortilhas. É claro, um fabricante de doces argumentaria que para você se sentir verdadeiramente satisfeito não precisa de cinco quilos de tortilha e sim de apenas uma barra de chocolate, afinal, "chocolates alimentam". Por outro lado, muita gente diria que suas experiências são muito mais como o grito estridente do vocalista dos Rolling Stones, Mick Jagger "nada me satisfaz!" Até mesmo o Rei Salomão, com toda a sua riqueza e sabedoria, prazer e prestígio, declarou que tudo na vida era "vaidade" — vazio. Sua conclusão? "Pelo que aborreci a vida" (Eclesiastes 2:17).

Neste mundo em que a satisfação é difícil de encontrar e mais difícil ainda de manter, somos levados ao Cristo que disse: "Eu vim para que vocês possam realmente, realmente viver" (minha paráfrase). Jesus oferece uma vida completa e abundante e Simeão estava entre os primeiros a experimentá-la.

Repare novamente na referência ao ministério do Espírito Santo na vida deste homem fiel. O Espírito estava com ele (Lucas 2:25), tinha-lhe revelado a promessa (Lucas 2:26), e agora era o Espírito Santo quem estava levando Simeão ao templo, para que a promessa pudesse ser cumprida.

> Movido pelo Espírito, foi ao templo; e, quando os pais trouxeram o menino Jesus para fazerem com ele o que a Lei ordenava Simeão o tomou nos braços e louvou a Deus, dizendo: Agora Senhor, podes despedir em paz o teu servo, segundo a tua palavra; porque os meus olhos já viram a tua salvação, a qual preparaste diante de todos os povos: luz para revelação aos gentios, e para glória do teu povo de Israel (Lucas 2:27-32).

Em princípio, isto deve ter sido apavorante para Maria e José. Assim que entraram no templo para cumprir os rituais exigidos por lei, pelo nascimento de um filho, saiu das sombras um homem que lhes tomou a criança dos braços e começou a proclamar. Por mais estranho que aquilo possa ter parecido, o que realmente lhes chamou a atenção foi o conteúdo daquela proclamação. Simeão declarou as verdades que eles haviam guardado, em silêncio, nos seus próprios corações desde que o mensageiro angelical os havia visitado, há muitos meses. Ele também enfatizou a mensagem que o anjo entregara aos pastores nos campos de Belém. Suas reações teriam sido de choque e de surpresa — com razão.

A resposta de Simeão, entretanto, foi de absoluta satisfação e contentamento. A promessa que guiara sua vida por tanto tempo, havia sido cumprida. O Messias havia chegado. De que maneira ele ainda poderia querer algo mais? Ele havia, de fato, segurado Cristo em seus braços! Colocara seus olhos sobre a face de Deus.

Por anos, ele aguardara este momento, Simeão deve ter se maravilhado com este encontro prometido. Será que ele em algum momento imaginara que encontraria o Messias como uma criança recém-nascida? Ou será que ele esperava por um cortejo real que vislumbraria de longe? Seja o que for que tivesse imaginado, não daria nem para começar a comparar com a experiência abençoada que lhe havia sido concedida. Ele tinha visto o Cristo — e como resultado, experimentado a plenitude da vida e a satisfação do coração de modo tão profundo que declarou, na essência, "Basta! Eu não preciso de nada mais! Eu vi o Cristo! Agora, oh Deus, deixe me partir desta vida em paz!"

Maria e José já haviam testemunhado maravilhas — anjos, pastores e a estrela sobre Belém. Agora, acrescentavam a frase profética de alguém totalmente estranho, que proclamou que sua vida estava completa, pois, havia visto o filho deles. Eles poderiam simplesmente permanecer lá maravilhados: "E estavam o pai e a mãe do menino admirados do que dele se dizia" (Lucas 2:33).

Que cena mais fantástica deve ter sido aquela no dia em que Maria e José viram no templo, um homem inteiramente satisfeito por realizar a ação mais significativa de toda a sua vida — celebrar Jesus.

O ANÚNCIO SOLENE

Quando o médico diz a você, "Eu tenho boas e más notícias, qual delas você quer ouvir primeiro?" É como se, de súbito, você recebesse uma pancada na boca do estômago. A primeira vez que eu ouvi estas palavras, a boa notícia era que o resultado do teste sanguíneo do meu exame médico anual foi encorajador: no geral minha saúde estava bem. A má notícia, no entanto, era uma mensagem que meu corpo já estava me enviando e que eu havia escolhido ignorar. Devido a inúmeras viagens ao exterior por vários meses eu me alimentava comendo coisas pouco comuns em horários estranhos, vivendo sob pressão e estresse, meu peso aumentou a tal ponto, que devo admitir, não era nada bom. A má notícia levou a outras más notícias que incluiriam uma dieta (em minha opinião) bastante rigorosa a fim de corrigir o problema. Boas e más notícias muitas vezes andam juntas, e na maior parte do tempo as mensagens levadas por ambas são muito mais sérias do que uma "batalha épica" pessoal.

No encontro de Simeão com Maria e José, ele havia celebrado o menino Cristo e o cumprimento da promessa de Deus, que Ele representava. Maravilhosas, miraculosas, e extraordinárias boas notícias. Mas estas boas notícias, por consequência, também levavam más notícias para a jovem mãe que havia embarcado em uma aventura como nenhuma outra.

Que más notícias poderiam envolver o nascimento do Salvador do mundo? Lucas nos dá a amarga resposta:

> Simeão os abençoou e disse a Maria, mãe do menino: "Eis que este menino está destinado tanto para ruína como para levantamento de muitos em Israel e para ser alvo de contradição (também uma espada traspassará a tua

própria alma), para que se manifestem os pensamentos de muitos corações" (Lucas 2:34-35).

Aquela severa profecia nos lembra que a história de Natal — o alegre, o glorioso nascimento de Cristo — foi apenas uma parte do processo pelo qual Ele salvaria o mundo. Os primeiros passos da jornada trouxeram o mais profundo contentamento e felicidade, mas os últimos passos seriam consumados quando Maria ficaria ao pé da cruz, acompanhando com seus olhos cobertos de lágrimas e o coração partido enquanto seu filho — o santo de Israel — pagava pelos pecados do mundo. A "má notícia" de Simeão para Maria foi, de fato, uma pílula amarga, pois, o sofrimento de seu filho cortaria como uma espada o mais profundo da sua alma. A dor do parto sentida no momento em que ela o recebeu no Seu nascimento seria refletida pela dor que ela experimentaria permitindo que Ele partisse para Sua morte de sacrifício.

Maria deve ter passado os próximos trinta e poucos anos refletindo sobre aquela anunciação profética enquanto Jesus crescia, e, depois, enquanto Ele cumpria Seu ministério público. Talvez ela observasse, amedrontada, o momento em que seu filho estivesse no meio da multidão ou debatesse com líderes religiosos. Sua vida seria marcada pela expectativa, justamente como havia sido a de Simeão. Mas se por um lado, ele encontrou contentamento na chegada de Cristo, ela, por outro lado, com certeza sentiria a dor e a perda, quando aquele mesmo Cristo — seu filho — fosse sofrer e morrer. A expectativa vitalícia de Simeão resultou em alegria. A de Maria terminou em luto.

A janela do contentamento de Simeão nos traz uma perspectiva útil, especialmente ao pensarmos na maneira que celebramos o Natal em nossa cultura ocidental. A promessa foi cumprida. Simeão havia visto e segurado o Salvador. Entretanto, no interior de sua atitude houve uma satisfação em tamanha profundidade que somente é possível sentir quando se vivencia um encontro pessoal com Cristo.

O que acontece com o nosso Natal? Nossa celebração estimula a gratidão e exaltação, ou a decepção? É marcada pelo desejo de possuir, ou pelo sentimento de paz pela certeza de que "Eu sou dele e Ele é meu"? A mentalidade dos nossos dias nos arrasta implacavelmente em direção ao consumismo — especialmente no Natal. Mas o coração de Simeão nos lembra que há muito mais além de simplesmente *mais*. Existe Cristo e Sua promessa: "Seja a vossa vida sem avareza. Contentai-vos com as coisas que tendes; porque ele tem dito: De maneira alguma te deixarei, nunca jamais te abandonarei" (Hebreus 13:5).

Que a nossa celebração de Cristo possa ser conhecida pelo contentamento inigualável que usufrui o coração daquele que conhece Jesus pessoalmente.

A Janela *da* Testemunha

Ana

Aos 20 anos de idade, trabalhei para a companhia de gás natural em nossa região. Meu trabalho era no departamento de engenharia civil, e eu fazia parte da equipe de superiores responsáveis pelas vistorias das tubulações, posições dos poços e demarcação de mapas. Em janeiro daquele ano, fomos enviados para outra região, para realizar uma pesquisa que localizaria a melhor posição para instalar um poço que fornecesse carvão em preparação para experiências de gaseificação de carvão. Naquele dia de inverno as previsões meteorológicas anunciaram que o vento sopraria muito forte, 130 km/h, o que, acrescido às temperaturas já frias, fez a manhã ser extremamente gélida. Como eu ocupava o cargo mais baixo na hierarquia da equipe, fui o escolhido para deixar o calor confortável do carro de nossa companhia e escalar o topo de uma ponte da via férrea, a fim de localizar o marco geodésico estabelecido pelos órgãos do governo, a partir do qual teríamos que iniciar nossa pesquisa.

Até hoje, não tenho muita certeza do que aconteceu a seguir. Eu sempre deduzi que uma daquelas rajadas de vento, de 130 km/h, irrompeu no vale e me desequilibrou, porque na minha lembrança seguinte eu já estava acordando no fundo de um barranco em um leito de riacho seco que ficava abaixo do estrado da ponte. Tentei me levantar, mas perdi a consciência novamente.

Na segunda vez que acordei, estava na traseira da nossa caminhonete, indo em direção ao hospital, onde o pessoal da sala de emergência passou o dia fazendo radiografias e tentando descobrir por que razão eu não estava morto. Eu havia caído de uma altura de onze metros e meio dentro de um riacho seco e aterrissado sobre o meu pescoço, contudo, eu havia escapado com apenas um mal jeito no pescoço e com a espinha dorsal levemente comprimida.

Eu fiquei com a minha coluna tracionada por uma semana, usando um protetor rígido para o pescoço, e imobilizado por três meses. Enquanto estive afastado, meus chefes devem ter decidido que era um perigo para mim mesmo e para os demais, pois, quando voltei ao trabalho, haviam me transferido da equipe de campo para os limites seguros da sala dos mapas.

Entretanto, a memória mais vívida que tenho de minha estada no hospital, não são os raios X ou o tratamento de coluna, apesar de ter retirado daquelas experiências fartas ilustrações para utilizar em meus sermões! A minha mais vívida lembrança é uma tarde em especial. Dividindo o quarto do hospital comigo, estava um cavalheiro mais velho, que já ocupava o outro leito quando eu fora admitido. Uma vez que eu estava com a minha coluna tracionada, não podia ver nada além do teto, uma visão não muito maravilhosa para se ter durante uma semana. Mas, muitas vezes ao dia eu podia ouvir as pessoas (geralmente funcionários do hospital) virem até a porta e sussurrarem, com vozes abafadas.

"É ele?"

"Sim."

"Ele é o tal que deveria estar morto?"

"Sim."

"Por que a queda não o matou?"

"Ninguém sabe."

Esta cena se repetiu muito. Então, numa tarde durante o horário de visita, enquanto eu estava deitado olhando para o teto, ouvi os sons abafados do homem no leito ao lado falando com sua esposa. Soou como se eles estivessem chorando, e eu deduzi que haviam recebido alguma má notícia do médico. Eu não poderia estar mais errado. Ao final do horário de visita, a mulher veio até a minha cama, inclinou-se sobre a minha face para que ela pudesse me olhar nos olhos. Ela ainda tinha lágrimas em seus olhos ao me dizer, "Meu marido me contou o que aconteceu a você. Nós somos cristãos. Acreditamos que Deus guardou a sua vida porque Ele quer usar você. Oraremos por você com este propósito." Depois ela foi embora.

Eu fui liberado logo depois daquilo e nunca mais vi aquela mulher, mas nunca a esqueci, nem as palavras que ela me disse naquele dia. Até aquele ponto da minha vida, eu havia conseguido viver muito bem por minha própria conta. Eu crescera em uma igreja onde o evangelho não era anunciado, nem Deus era levado a sério, muito menos eu sabia do Seu interesse por mim. Foi um choque para o meu sistema mental. Mas me fez começar a pensar em coisas que eu nunca havia considerado antes. Eu comecei a frequentar uma igreja que ensinava a Bíblia, e 18 meses depois, aceitei a Jesus como meu Salvador e Senhor. E tudo começou com aquele testemunho sincero, tocante e breve, daquela senhora que nunca havia me visto antes. Ela poderia, simplesmente, ter me ignorado, mas ela compassiva e corajosamente deu testemunho da sua fé em Deus e de sua preocupação comigo. E Deus usou suas palavras de testemunho para mudar a minha vida.

Quando penso naquela querida senhora (a qual espero ver novamente no céu), penso em Ana, descrita no livro de Lucas 2. Ela, também, era uma mulher mais velha, espiritualmente comprometida e entusiasmada em testemunhar de Cristo. Eu sou muito agradecido pela presença de Ana na história de Natal, porque Deus usou uma Ana de geração diferente para causar tamanho impacto em minha própria vida.

A MULHER DE TESTEMUNHO

Para descobrir a perspectiva de Ana no nascimento do Filho de Deus, devemos começar com a pergunta, "Quem foi ela?" William Barclay, teólogo e escritor, refere-se a Ana como sendo "um dos personagens da peça *Quiet in the Land* (Silêncio na Terra)" porque as Escrituras fornecem poucas informações sobre ela. Porém em apenas três versos temos uma fascinante descrição desta mulher. Note como Lucas a retrata e a sua entrada na cena:

> Havia uma profetisa, chamada Ana, filha de Fanuel, da tribo de Aser, avançada em dias, que vivera com seu marido sete anos desde que se casara e que era viúva de oitenta e quatro anos. Esta não deixava o templo, mas adorava noite e dia em jejuns e orações. E, chegando naquela hora, dava graças a Deus e falava a respeito do menino a todos os que esperavam a redenção de Jerusalém (Lucas 2:36-38).

Apenas três versos, mas eles estão repletos de visões sobre o íntimo daquela mulher, a qual, o pastor e escritor Herbert Lockyer classificou como sendo, "A Mulher que se Tornou a Primeira Missionária Cristã".

Seu nome e sua família

O nome *Ana* no Novo Testamento equivale ao nome "Hanna" no Velho Testamento, uma palavra que significa "graça" ou "favor", e Ana, certamente, foi favorecida por ter visto o Cristo menino, e por contar sobre a Sua chegada no planeta Terra. O pai de Ana era Fanuel. Seu nome significa "a aparência ou a face de Deus", e derivou da luta corporal que o patriarca Jacó teve com Deus. Depois daquela experiência Jacó mudou o nome do local para Peniel, porque ele disse, "Vi a Deus face a face, e a minha vida foi salva". (Gênesis 32:22-32). *Fanuel* (de Peniel) fala poderosamente da comunicação íntima, face a face com Deus que é o privilégio do filho de Deus. A intimidade, a Sua presença no nosso mundo físico, a proximidade, sim, até mesmo a acessibilidade de Deus — a totalidade daquelas idéias extraordinárias reside naquele maravilhoso nome pelo qual o pai de Ana era conhecido — Fanuel, a "face de Deus".

Ana também é descrita como sendo da tribo de Aser. Aser foi o oitavo filho nascido de Jacó (Israel), e o segundo da serva de Lia, Zilpa. Quando ele nasceu, Lia lhe deu o nome de *Aser*, que quer dizer "feliz". Historiadores da Bíblia veem isto como significativo, pois Aser, muitas vezes, tem sido considerado uma das chamadas "tribos perdidas de Israel". Aparentemente, no final das contas, eles não estavam tão perdidos, pois, no primeiro século Ana é claramente identificada como um membro daquela tribo.

Sua situação de vida

Quando eu estava no seminário, era moda falar sobre o princípio de *sitz im lebe*, que é um termo alemão para "cenário da vida" ou "situação da vida". Para simplificar, na mentalidade de alguns teólogos alemães todo o estudo bíblico era reduzido a um ponto: ele possui importância nas situações da vida? Ao mesmo tempo em que isto é uma aplicação de conceito demasiadamente generalizado e simplista, permanece o fato de que vivemos a vida em meio a situações específicas, e, que tais situações nos moldam e nos caracterizam pessoalmente, assim como moldam e caracterizam nossas respostas às situações que enfrentamos na vida. Nós não vivemos sozinhos em uma ilha deserta. Nós vivemos a vida em uma série de situações que impactam quem estamos nos tornando em Cristo. Isto foi, igualmente, verdadeiro para Ana.

Sua vida foi marcada por aflição e perseverança. Ficando viúva depois de apenas sete anos de casamento, Ana, aparentemente, foi deixada sem filhos — enfrentando uma vida sem alegria e significado na sua cultura. As aflições da sua juventude continuaram na sua idade avançada, pois, ela é descrita como tendo 84 anos de idade, sem jamais ter se casado novamente (observe que alguns estudiosos da Bíblia traduzem o verso dizendo que ela teve 84 anos adicionados à sua vida depois da morte do seu marido, o que faria com que sua idade fosse próxima de 105 anos).

A tristeza de tal perda e a perseverança de toda uma vida seria uma combinação destrutiva para muitas pessoas, lançando-as num perpétuo buraco negro de desespero e auto-compaixão. Mas este não foi o caso de Ana. Ela escolheu viver positivamente, a serviço do seu Deus, orando, louvando e aguardando a Sua graça.

Suas prioridades consistentes

Os nossos posicionamentos falam em alto e bom tom quem somos e quais são os nossos valores. Para Ana foi simples: sua prioridade — sua meta — era agradar a Deus.

Embora não se tenha ouvido sobre os profetas desde os dias de Malaquias, Ana é chamada uma profetisa. Lucas não descreve a natureza do seu ministério profético ou o conteúdo das suas mensagens proféticas, mas ele oferece informações inquestionáveis de que ela era uma porta-voz de Deus para sua geração. Após mais de quatrocentos anos de silêncio profético, Deus escolheu uma viúva, com um coração voltado para Ele, para retransmitir Suas declarações para o mundo.

Entretanto, em combinação com um ministério público de profecia, aparentemente, Ana também participou de adorações particulares que testificaram uma vida devotada a Deus. "Ela não se afastava do templo, servindo a Deus em jejuns e orações, de noite e de dia," (Lucas 2:37). O que significa isto? Em *Be Compassionate* (Seja Compassivo),

Warren Wiersbe diz que ela era tão comprometida a esperar pela vinda do Senhor que saiu de sua terra natal, junto à tribo de Aser, para Jerusalém, e permaneceu no templo. Outros dizem que isto somente significa que ela era uma presença regular no templo, sempre presente às cerimônias religiosas naquele local. Em ambas as maneiras, ela permanecia na casa de Deus e era comprometida com a disciplina espiritual. A vida de Ana foi um modelo de devoção pessoal, continuamente orando, jejuando e adorando seu Deus.

William Barclay retrata em breves, porém poderosas palavras; esta querida mulher, cujo amor por Deus era a motivação da sua vida.

> *Ela conhecera a aflição, mas não se tornara amarga.*
> *Ela era idosa, mas não deixara de ter esperança.*
> *Ela nunca parou de adorar.*
> *Ela nunca parou de orar.*

Em uma situação de vida que poderia facilmente tê-la afastado *de* Deus, Ana permitiu ao seu coração ser atraído *para* Deus. E seus anos de fidelidade foram recompensados, pois, ela estava em seu lugar costumeiro (o templo) e mantendo suas prioridades consistentes (adorar, orar, e jejuar) quando a pequena família de Nazaré adentrou o templo para cumprir as exigências da lei, pelo nascimento de Jesus.

A OCASIÃO DO TESTEMUNHO

Em momentos críticos na história, quando a pessoa e o evento se combinam, coisas extraordinárias acontecem. Ana era tal pessoa. Preparada por décadas de devoção espiritual, ela estava exatamente no lugar certo na hora certa.

> E, chegando naquela hora, dava graças a Deus e falava a respeito do menino a todos os que esperavam a redenção de Jerusalém (Lucas 2:38).

"E chegando naquela hora" é a frase crítica aqui. Em certo sentido, o que Ana estava fazendo era meramente a continuação do que ela havia feito por quase sessenta anos — ela estava indo ao templo para adorar. Entretanto, aquela, atitude costumeira, é que torna isto tão extraordinário. Ela praticou este ato por cerca de sessenta anos! Imagine o que teria acontecido, se ela tivesse decidido, "Eu estou cansada. Eu faço isto há anos. Eu acho que vou tirar o dia de folga e ficar em casa." Mas ela não o fez! E sua fidelidade a Deus a posicionou no templo naquela mesma hora que Simeão tomou o Cristo dos braços de Maria e o levantou ao céu, declarando ser Ele o Messias, a esperança de Israel aguardada por tanto tempo.

"Isto não foi mera coincidência", escreve Herbert Lockyer em *All the Women of the Bible* (Todas as Mulheres da Bíblia):

> Durante sua longa peregrinação, dia após dia, (Ana) foi ao templo para orar pela vinda do Messias, e embora Ele parecesse tardar, ela o esperou, acreditando que Ele viria. Então um dia o milagre aconteceu, pois, quando ela adentrou o templo, ouviu sons de exultação e alegria vindos do interior do pátio, e então, dos lábios do venerável Simeão, ela ouviu as palavras: "Agora, Senhor, podes despedir em paz o teu servo, segundo a tua palavra; porque os meus olhos já viram a tua salvação." Contemplando a Criança Sagrada que era nada menos do que seu tão esperado Messias, Ana, também, estava pronta para partir em paz e reunir-se ao seu marido, no céu.

Eu amo este acontecimento! Os anos de fidelidade de Ana foram recompensados em um momento de celebração. No lugar certo, na hora certa, ela viu o Cristo. Mas ela não parou com a sua adoração ou sua gratidão. Ela rendeu testemunho do que havia visto.

A MENSAGEM DE TESTEMUNHO

Durante toda a sua vida, Ana fora uma adoradora fiel e uma profetisa, mas agora, sua função mudou e ela tornou-se uma missionária. "E, chegando naquela hora, dava graças a Deus e falava a respeito do menino a todos os que esperavam a redenção de Jerusalém" (Lucas 2:38). Como diz Herbert Lockyer, "Ana foi uma das devotas remanescentes em Israel que, através dos séculos, mesmo nos dias mais tenebrosos, antes da vinda de Cristo, esperou por um novo amanhecer vindo do alto. Assim que, ela ouviu o louvor de Simeão pela profecia cumprida, ela saiu ao encontro dos seus companheiros devotos para declarar aquela alegre notícia.

Boas notícias não devem ser escondidas; devem ser compartilhadas. Ana compartilhou a boa nova corajosamente e sua boa notícia era "É chegada a Redenção".

O Novo Testamento usa várias palavras diferentes para traduzir "redenção", explica James Montgomery Boice em *The Christ of Christmas* (O Cristo do Natal), e todas estão relacionadas com a libertação de um escravo:

- *Agorazo:* referindo-se a *agora* ou a praça do mercado, onde muitas vezes escravos eram comprados e vendidos. Uma vez comprado; o escravo era...

- *Exagorazo:* comprado da (ex) praça do mercado (agora) para nunca ser vendido lá novamente. Ao invés disso, aquele escravo seria:
- *Luo:* literalmente soltar, e lhe era dada sua liberdade.

Na mensagem de "boas notícias" de Ana, Jerusalém é retratada como o centro do mundo. Mas "a redenção de Israel" também representa a realidade da condição humana. A Bíblia descreve cada ser humano como sendo escravizado pelo pecado e sem esperança no mundo. O Cristo sendo proclamado por Ana, no entanto, chegara para libertar aquela raça humana perdida. Ele veio trazer redenção – *lutrosis* (de *luo*, soltar) – liberdade e remição do pecado e sua punição. Assim como Oséias, o profeta do Antigo Testamento; das profundezas do amor redentor, foi ao mercado de escravos para comprar sua desonrada esposa, a Gômer, e torná-la sua mais uma vez; Jesus veio para o mercado de escravos deste mundo despedaçado e comprou Sua noiva, pagando resgate suficiente para os pecados do mundo inteiro.

A mensagem de Ana foi de esperança, alegria, e liberdade. Após décadas aguardando a vinda do Rei Redentor, ela agora vivia em um mundo onde este Cristo havia finalmente chegado. A promessa havia sido cumprida, então ela deu graças e saiu para contar a qualquer um que quisesse ouvir, que a liberdade, o perdão e a redenção, agora estavam disponíveis, pois Cristo viera. Esta é a mensagem que os missionários, desde então, divulgam aos cantos mais remotos da terra.

Olhando através da janela de Ana, somos lembrados por esta profetisa sobre a verdade e o motivo que está por detrás de todo o caos e confusão que nós, amigavelmente, chamamos de Natal.

"O Natal não é simplesmente a história do nascimento de um bebê indefeso em um estábulo", escreve James Montgomery Boice, "por mais belos que pareçam, não é na admiração dos pastores, nem nos presentes dos reis magos, nem o enlevo causado pelo coral de anjos. O sentido do Natal é baseado em: 'Porque Deus amou ao mundo de tal maneira que deu o seu Filho unigênito, para que todo o que nele crê não pereça, mas tenha a vida eterna'" (João 3:16).

No meio de todas "as correrias" que envolvem a nossa celebração de Natal, é extremamente fácil esquecer que o primeiro Natal aconteceu porque o nosso pecado exigiu um pagamento — e apenas o próprio Cristo poderia pagar o suficiente para cancelar o nosso débito.

Embora possa ser divertido celebrar o feriado com presentes, enfeites, velas e festas, "o dia sagrado" do Natal é realmente a celebração do *resgate* e *redenção*. Ana sabia disso, e ela contou aos que a rodeavam.

Que possamos estar dispostos a tornar parte da nossa celebração do nascimento de Cristo — o compromisso de também contar às pessoas que nos cercam, porque o mundo precisa saber que:

Vivo ele amou-me
na cruz, salvou-me,
e o meu pecado na tumba deixou.
E ressureto, justificou-me
Um dia em glória, Jesus voltará

A Nossa Janela *do* Natal

Os homens, mulheres e anjos que testemunharam os eventos que cercaram o nascimento de Cristo, nos deixam como herança reações que, de forma alguma, são reações temporárias. Não são reações casuais, são reações permanentes. No momento em que eles olharam fixamente para o Cristo Criança e glorificaram Seu Pai celestial, as reações foram intensas e apaixonadas.

O grande desafio deixado a nós, eu presumo, é que todas as nossas celebrações de Natal deveriam incluir traços ou elos de todas as reações exibidas por eles — exaltação, milagre, adoração, obediência, contentamento e testemunho. Se nossas reações forem iguais a estas, cortaremos o caminho através de todo brilho e glamour que tornam invisível a Criança do Natal, abafando os sons desta época do ano; cada vez mais secular e comercial. E então lembraremos da beleza de Cristo que *é* o Natal. Estas janelas do Natal trazem as perspectivas que devem ser valorizadas e cultivadas.

Nós nos contentamos com os benefícios e bênçãos do Natal, mas Ele *é* o Natal. Apreciamos as lembranças e os enfeites dos presentes de Natal, mas Ele é o Deus Eterno, que traz verdadeira alegria e vida eterna. É verdade que podemos ser absorvidos pelos papéis decorados e listas de presentes, mas o bebê embrulhado em panos no Seu nascimento ainda é "o maior Presente de todos". Que possamos olhar; amar e nunca esquecer que...

É este Jesus o Rei que anuncia a paz,
A quem Deus quer bem.
Da virgem eleita é filho, Jesus,
Que nasceu em Belém!

Este dia de Natal, e todos os dias...

Oh! Vinde e adoremos
A Cristo, o Senhor.

Notas sobre os autores dos hinos e cânticos mencionados

Wesley, Charles. *Eis dos Anjos a Harmonia*, p.32.

Charles Wesley nasceu em Epworth, na Inglaterra, em 1707. Irmão de John Wesley, fundador do metodismo, ele foi sem duvida o mais importante poeta do metodismo. Ele escreveu mais de 6 mil hinos, entre eles este *Eis dos Anjos a Harmonia*.

Niles, John Jacob. *I Wonder as I Wander* (Pergunto-me Enquanto Vagueio), p.37,49.

O poema usado nesta página, é uma tradução livre do cântico de Natal *I Wonder as I Wander*. Foi escrito por John Jacob Niles baseado num fragmento de uma canção folclórica das Montanhas do Apalaches na Virginia Ocidental nos Estados Unidos, em 1933.

Shea, George Beverly. *The Wonder of it All* (O milagre de tudo), p.38.

Este poema é uma tradução livre do original de George Beverly "Bev" Shea. Ele nasceu no dia 1 de fevereiro de 1909 e foi um proeminente cantor e poeta de música gospel *(espiritual)* sendo o autor de muitos hinos e melodias de hinos. Ele acompanhou durante anos as campanhas evangelísticas de Billy Graham. Esta associação começou no ano 1943 e durou cerca de 60 anos. A partir de 1952, a sua voz de barítono, era ouvida regularmente num programa de radio proclamando as "Boas Novas" de Jesus Cristo. Além das muitas obras musicais que compôs ele também é conhecido pelos livros que escreveu, sendo o mais recente *How Sweet the Sound* (Quão Doce o Som) em 2004.

Neidlinger, William H.. *The Birthday of a King* (O Aniversário de Um Rei), p.67.

O cântico natalino original que parece no original em inglês é de autoria de Neidlinger. Este cântico natalino falava do cenário que se viu na vila de Belém e do fato de que nessa noite celebramos o aniversário de um Rei. O cântico original foi substituído neste livro pelo hino *Pequena Vila de Belém*, de autoria de Phillips Brooks em 1865.

Este hino nasceu durante uma viagem que Brooks fez à Terra Santa. Durante essa viagem, na garupa de um cavalo, ele percorreu a distância de Jerusalém a Belém. Essa viajem culminou em um culto de adoração na véspera de Natal. Ele disse: "Lembro-me de estar de pé naquela velha igreja em Belém, perto do lugar onde Jesus nasceu, quando toda a igreja, hora trás hora, enchia aquele lugar com hinos de louvor a Deus proclamando sobre a Maravilhosa Noite do nascimento do Salvador."

Sammis, John H.. *Crer e Observar*, p.88.

Este hino dá-nos uma clara e simples explicação de como viver a vida cristã. O título foi usado como tema de uma reunião de testemunhos dando seguimento a uma cruzada evangelística de Dwight L. Moody em Brockton, Massachusetts. Um jovem levantou-se e proferiu umas palavras que mostravam o pouco que ele conhecia da doutrina cristã, mas ele terminou dizendo: "Não tenho a certeza, mas vou continuar confiando e vou obedecer". Daniel Towner (compôs a melodia), que se encontrava naquela reunião escreveu aquelas palavras num pedaço de papel e o passou a John Sammis que escreveu este hino com base nas palavras daquele jovem.

John Sammis era um homem de negócios e voluntário da organização YMCA *(Young Men Cristian Association)*. Mais tarde, ele freqüentou o *Seminário Teológico de McCormick and Lane* e foi ordenado como pastor presbiteriano em 1880. Ele serviu como pastor nos estados de Iowa, Indiana, Michigan e Minnesota. Depois disso ele também foi professor no *Instituto Bíblico de Los Angeles*.

Crosby, Fanny Jane. *Face a Face*, p.98.

A vida da poetisa e compositora Fanny Jane Crosby (1820–1915) é tão impressionante quanto a qualidade e quantidade de seus hinos. Ao todo são quase nove mil hinos que incentivam a mudança de vida de pecadores, encorajam cristãos e inspiram toda a humanidade até os dias de hoje. Nascida a 24 de março de 1820 no município de Putnam, em Nova Iorque, Fanny tinha pouco mais de um mês de vida quando sofreu uma infecção nos olhos. O clínico geral estava fora da cidade e um outro médico fora chamado para tratar do caso. Receitou cataplasmas de mostarda quente e o efeito foi desastroso: a menina ficaria cega pelo resto da vida. O "médico" teve de fugir da cidade, tamanha a revolta suscitada entre os parentes e vizinhos do bebê. A menina teve então de acostumar-se às dificuldades, ao mesmo tempo que demonstrava uma habilidade incomum para compor poesias.

Naquela época, a mensagem do Evangelho foi plantada no coração da jovem Fanny, por intermédio de sua avó. Era ela quem passava horas lendo a Bíblia para a menina, que demonstrava ter uma memória extraordinária: decorou diversos trechos do Livro de Rute e dos Salmos. Aos 15 anos, ela entrou para o Instituto de Cegos de Nova Iorque, para onde voltaria anos depois para ensinar Inglês e História. Como aluna e professora, Fanny passou 35 anos na mesma escola.

Uma de suas primeiras participações como compositora aconteceu em um dos cultos de Dwight L. Moody, um dos maiores pregadores da história do Evangelho, que realizava uma conferência na cidade de Northfield, no estado de Massachussetts. Impressionado com o talento de Fanny, Moody pediu que ela contasse o testemunho pessoal de sua fé e de seu relacionamento com Deus. Assustada, Fanny a princípio relutou, mas depois recitou a letra de um hino que acabara de compor. Curiosamente, Fanny não escrevia as letras de seus hinos, por nunca ter dominado o método Braille. Dona de uma memória extraordinária, memorizava-as facilmente. Quando morreu, aos 94 anos, amigos e parentes escreveram na lápide de sua sepultura: "Ela fez o máximo que pôde. Sem dúvida, foi uma heroína da fé."

Alguns dos seus hinos mais conhecidos são *Mais Perto da Tua Cruz, Cristo à Porta, Louvai, O Grande Amor de Deus, Sempre Vencendo, Ao Pé da Cruz, Serviço do Crente*.

Chapman, J. Wilbur. *Um Dia*, p.123.

Nasceu em 1859. Chapman foi um pastor presbiteriano que dividiu seu tempo de serviço no início do seu ministério entre duas igrejas nos estados de Indiana e Ohio (EUA). Ele fundou *Winona Lake Bible Conference* no estado de Indiana no ano 1900. Curiosamente, devido a desacordos sobre a autoria deste hino (letra e melodia), este hino não foi publicado até 1911 – sete anos antes da sua morte. Alguns dos seus hinos incluem *Jesus, What a Friend for Sinners, Tis Jesus.*

Dix, William Chatterton. *Quem é o Pequeno a Repousar*, p.128.

Nasceu em 1837 na cidade de Bristol e morreu em Sommerset, na Inglaterra. Ele foi o autor de inúmeros hinos e cânticos natalinos. Aos 29 anos de idade ele foi atacado por um vírus – quase fatal – que o prostrou em uma cama por meses. Durante esse tempo, entrou numa depressão severa. Porém foi durante esse período que ele escreveu muitos dos seus hinos.